中信出版集团 · CHINACITICPRESS · 北京

图书在版编目（CIP）数据

新创客时代／《新创客时代》编写组编. —北京：
中信出版社，2016. 8
ISBN 978-7-5086-6339-5

Ⅰ. ①新… Ⅱ. ①新… Ⅲ. ①企业管理—经验—中国
Ⅳ. ①F279. 23

中国版本图书馆 CIP 数据核字（2016）第 127727 号

新创客时代

编　　者：《新创客时代》编写组
策划推广：中信出版社（China CITIC Press）
出版发行：中信出版集团股份有限公司
（北京市朝阳区惠新东街甲 4 号富盛大厦 2 座　邮编　100029）
（CITIC Publishing Group）
承 印 者：北京楠萍印刷有限公司

开　　本：880mm ×1230mm　1/32　　印　　张：10　字　　数：210 千字
版　　次：2016 年 8 月第 1 版　　印　　次：2016 年 8 月第 1 次印刷
广告经营许可证：京朝工商广字第 8087 号
书　　号：ISBN 978-7-5086-6339-5
定　　价：48. 00 元

前 言

2016年是全面建成小康社会决胜阶段的开局之年，是推进结构性改革的攻坚之年，也是新旧发展动能接续转换的关键一年。当前，大力推进大众创业、万众创新，有利于培育壮大新动能，改造提升传统动能，推动发展调速不减势、量增质更优，实现经济提质增效升级；有利于营造公平竞争的创业环境，促进社会纵向流动和公平正义，激发亿万群众的创新潜能和创业活力。

为推进大众创业、万众创新，打造经济增长“新引擎”，近年来国务院及各地各部门出台了一系列政策措施。2015年5月至12月，在15个中央部门的指导下和有关地方政府的参与下，由有关方面主办的“发现双创之星”大型主题活动，先后在北京、山东、深圳等省市成功举办9场，使“双创”理念和精神得到更大范围传播，带动各地各部门及社会力量组织开展类似活动，有力地推动“双创”政策措施的贯彻落实，积极调动广大企业和群众的创业创新热情。

“发现双创之星”主题活动通过“讲述双创好故事，展现中国好创意”，为创客搭建起思想交流的平台、创意诞生的襁褓、技能展示的舞台，让创业者有机会与政策制定者、企业家面对面进行交流探讨。每场活动由“众创空间”主题互动活动、“创客说”主题分享活动两部分组成。其中，“创客说”主题分享活动邀请部分创客和企业家代表，结合亲身经历讲述创业过程中的感人故事，诠释创业改变人生、创新改变世界的深刻内涵，展现坚持、担当、拼搏的创业创新精神。

在“发现双创之星”主题活动中，创客们和企业家讲述的创业历程和奋斗故事，很多都不为人们所知。他们讲述的每个故事，都能让广大创业者、创新者乃至普通公众从中受到启发，引起共鸣。无论是创客的成功故事，还是企业家的人生感悟，都会给正在创业和即将创业的人们点亮希望，激励人们把握机会、追逐梦想，用个人拼搏的行动与报效国家的情怀，谱写出精彩感人的创业创新乐章。

改革开放30多年的辉煌成就，是广大干部群众干出来的。9亿多劳动力和1亿多专业人才，是我国经济发展的最大资源和优势。要实现经济持续稳定增长，就要大力推进大众创业、万众创新，充分调动全社会创业创新积极性，激发亿万群众的无穷创造力。对每个创业者来讲，要发展就要勤劳、创造，就要坚持梦想、付诸行动，只要有付出就会有收获，就可以靠创业自立，凭创新出彩。

本书收录的部分创业创新故事，是千千万万创业者、企业家奋斗经历的缩影。他山之石，可以攻玉。愿广大读者和创业者可以从这些故事中获取正能量，领悟到人生拼搏的真正意义。

目　录

下篇　名师说

上　篇

创客说

第一章

点亮创新

赵令欢[①]

另外的创新

2003年我回到国内，参加了联想控股，创办了一家投资公司，名为弘毅投资，我是员工一号，我们想在中国开创一种并购投资模式，当时风险创投已经发展有一些年了，也有很多相关企业，而并购还是一个新鲜事。中国有很多企业，包括很多国企需要提升、需要市场化，这是一个重大的契机，但是资本跟他们不衔接，所以我们当时凭借着联想控股这样一个以管理著称的成功的中国创业企业，也本着希望通过创新走出一条

① 弘毅投资总裁，联想控股有限公司常务副总裁。

适合中国投资制度的热情创办了这家企业。我们赶到了一个很好的时代，天时地利人和。10 年之后，弘毅投资已经是中国并购投资领域领先的企业，它的领先不光体现在它能够为投资者创造多少回报，更重要的还体现在其为社会提供诸多的就业，为我们的自信提供诸多成功的经验。

现在弘毅投资已投的项目一般都是大中型的企业，有 80 多家。这 80 多家企业为中国社会提供了 40 多万个就业岗位。同时，在我们迎接新时代的时候，这些企业也在不断地探索和创新。我想跟大家分享一下我们的世界观。

简而言之，中国经过 30 多年的积累，已经走到一个前所未有的境况，我们经常说走入了无人之境，而且这个无人之境创造得相当快。10 年前，我回国创办弘毅投资，做改制国企，做民企扩充的投资，那个时候我们主要的资本主要来源于国外。而 10 年之后，中国已经从一个净资本输入国变成一个强悍的资本输出国。当年我们投资时主要投中国制造，因为中国是世界工厂，而今天我们再投资的时候，主要是投中国消费，中国已经变成世界上最大、成长速度最快的消费市场。而在我们总结 30 多年成功经验的基础之上，也制定了下一步的发展蓝图，要从中国制造变为中国创造，要从“硬实力”的增强变为“软实力”的兼顾，要由大国逐渐变成强国。以前我们输出的是廉价的产品、低廉的劳动力，现在我们输出的越来越多的是中国的资本、中国的文化、中国的理念，很快还将输出中国改革转型的经验。所以这真的是一个大好的时代，而恰逢此时，我们有诸多中国本土的创新创业的成功经验，比如20世纪80年代创业的联想集团，现已成为世界第一大电脑手机制造商。20世纪90年代，当民企被允许创业的时候，出现了各种各样的民营企业家，比如苏宁一跃成为领导型企业。当然还有现在我们离不开的淘宝，这些是过去成功的范例，其对今天的意义，对我们的实际意义，是让所有的人都感到一种信心和一种激情，让人感觉如果自己努力，也有机会成功，这就是这个好时代营造的最好的氛围。

大家现在讲创新的时候，容易讲科技创新，因为中国的创新毕竟是从中关村学美国的硅谷开始的，今天我们看到最成功的、成长最快的一些创新，也仿佛有很高的科技含量。但我想跟大家分享的是，在这个大好的时代除了有科技的创新创业之外，中国还有很多地方需要创新创业，凡是有需求的地方，就潜藏着巨大的商机。我跟大家分享三个不同的思路。

首先，模式的创新。模式的创新有很多，比如滴滴打车，冲击并改变着人们出行的基本理念。比如淘宝作为一个平台，把信息的分配和物流的分配彻底地重新改造，仿佛旧的世界全然不存在。但除了这种由移动互联网引发的不同的业务模式创新之外，还有其他的模式。

弘毅是个做投资的公司，我们不是分享创意，而是分享后期和重组性的投资，资金很多，项目很多，每个项目都要投很多资金。我们注意到中国现在有一个需求，也还面临一些障碍。我们的需求就是随着城市化、城镇化的建设，越来越多的农村人口要到城市来生活。而随着我们生活水平的提高和工作的忙碌，越来越多的人要到外面吃饭，而不在家里自己做饭吃。所以在中国，快餐、连锁品牌餐饮蓬勃发展。但我注意到一个现象，真正做得很快、很大，大到3000家、5000家店的都是外国品牌，比如肯德基、麦当劳、星巴克，当然中国人很愿意吃外国的东西，但天天吃这些东西肯定是不行的，我觉得咱们还是想吃自己的东西。但偏偏中餐连锁一般不超过1000家店，我们研究发现，这与中国的现实环境有关。如果我给清华大学的同学做一个调查，看看有多少人毕业之后想自己开餐馆，我估计没有人举手，办餐馆的往往是爱吃的，中国市场这么好，中国的快餐有几千家的品牌，但是他们克服不了两个障碍：第一，快到100家的时候，创业者管不过来，请职业经理人文化匹配不上，这个障碍过不去；第二，有些跨过这个障碍的公司，到四五百家的时候，要投大量的资金，建立ERP（企业资源计划）和计算机系统，这些餐馆都是省吃俭用做起来的，没有太多资金。所以很多企业生而复之，复而生之，规模都没有超过国外的大品牌。我相信国外的大品牌来到中国，都不知道自己可以做到上万家，这是一个没有被满足的需求，弘毅的解决方案是找全国愿意管理中餐连锁的最好的职业团队，然后为他们提供资金，让他们根据行业去收购这50家或者300家的企业，打包做成一个大企业。

大家可能觉得这有什么稀奇，但我觉得这是创新，解决没有被解决的巨大需求，由此获利并发展。

我想举的另外一个例子，就是我们最近到英国收购了一个很著名的连锁餐馆，北京现在只有三里屯一家分店。这家店做的是意大利格调的休闲饮食，不是快餐，在英国很著名，它在全球一共有540家分店，英国150家分店，在伦敦工作和生活过的人都知道，而中国却一直没有。

我们对中国最重要的观察，就是发现中国除了是世界工厂，还是世界上最好的消费市场，我们有钱了，我们想生活，除了快餐之外，偶尔我们也希望有点情调，能够吃着稍微好点的比萨，喝一杯红葡萄酒，以前这种事往往是外国的品牌到中国来开分店，然后把中国当成这种店的国际市场。有很多成功的案例，如肯德基、麦当劳等。但那是以前，中国只是市场，没有资本，没有管理人群，也没有那么多的高端消费人群。现在我们都有了，所以在这种新情况下，我们可以做一些创新，我们只帮助英国管理团队和英国董事会来开拓中国的市场，我们把它买了，告诉他们怎样快速地开拓中国市场，结果就是，这个品牌很快会变成大家喜闻乐见的品牌，而由于中国的支撑，这个公司很快会变成一个价值高速成长的公司，我们作为投资公司由此获利。模式和创新看上去不那么新颖，但在当今中国，虽然有时候不比科技的创新来得轻松，却有更大的作用。

我要讲的另一个思路是存量的创新，8年前我们投了一个河北省最大的国企叫石家庄制药，这是一个制药厂，给人做药，但是做的是原料，原料药高能耗、高污染、低价值。当时他们说我们是世界第一，我一问，他们是世界产能的第一，往往还是产量的第一，但是每吨青霉素的价值却不如美国一个品牌药造出来的一小瓶的创新药价值高。我们收购了这个企业，通过改制让它和市场对接并做了最重要的创新，从生产原料药改为生产创新药，由靠原料改成创立品牌。这件事很难，做得也很辛苦，做了七八年，但是效果很好。当年这个企业很大，但是只有1000万~2000万元的净利润，今天这个企业已经很大了，它的价值从20多亿元变成400多亿元，利润比过去增长了上百倍，现在他们有15亿元的净利润，而这大部分来自创新药、品牌药。创新不一定是从零开始，在中国最重要的创新、最唾手可得的创新往往是从存量上去动脑筋。

我想跟大家分享的最后一个主题是政府职能的转变。有的时候大家觉得政府简政放权，或者职能转变是应该的。但我认为，政府职能的转变不但是创新，而且是这个时代杠杆率最高的创新，下面，我给大家讲一则故事。

两年前，上海做了自贸区的实验，弘毅投资作为一个领先的投资公司受邀成为第一个入驻自贸区的投资公司。我们去自贸区是因为我们要做跨境投资，希望投资自贸区的实验，让弘毅资本流入流出，变得更有效。过去我们到意大利去收购当地的一个工业企业，当时价格是50亿元人民币，我们准备百分之百地收购。在国外收购一个企业的股权通常都是竞拍制，而那个时候要把中国的钱拿出去买一个外国企业的股权，需要预审批，当时三家企业都在竞争，当我们出价的时候，我们必须标明一个附加的条件，就是如果我们中标了，我们未必能够按我们给的价格来调整，这是因为我们需要政府的批准。在一个市场化的经济里，全国有22家企业都在竞标，我们再出高一点的价格去说明，虽然政府的审批是不确定的，但我们还是愿意收购。这样的话还没有起跑，我们就已经输了。到了自贸区之后，政府在职能上做了创新，包括事前审批、事中监管和事后备案。

我们再次到国外去收购企业，是收购好莱坞的一个电影制片公司的股权，也是多家竞争，有中东的王子，有美国的大牌影视老板，而这个时候由于没有事先审批，我们的钱跟他们的钱一模一样，只不过这个时候我们和被投企业说明了我们的钱比他们的钱都好，因为这个钱代表着中国的市场潜力，大家都知道，很快中国票房市场规模会超过美国，成为世界第一大票房市场。而好莱坞这个创意工场不得不重视这个市场。所以哪怕这样一点点创新，也会让所有的中国企业走向国际时，不但不会输在起跑线上，还会因为中国的市场有潜力，让我们更有竞争优势。

创新创业不应该是狭义的、科技的创新，也不应该是少数人的梦想，创新创业应该是中国现在所有人的梦想，恰好我们的时代真的是在支持这个梦想。大众创业、万众创新，如果坚持下去，实际上会给我们的国家创造生生不息的活力和生命力。由此，我相信中国一定会从一个大国走向一个强国。

张天一[①]

不为乌合不从众

我是伏牛堂的创始人张天一。伏牛堂是我2014年从北京大学法学院毕业时创办的项目，最早是用10万元跟我的四个同学开始做的，很简单，就是卖我老家湖南常德津市的牛肉米粉，往小了说是志在提高我校的餐饮和饮食水平，往大了说是希望能够探索在移动互联网时代，餐饮这样一个看似离互联网很遥远的行业，能有什么新玩法，或者说“互联网＋餐饮”是怎么一回事。经过一年的发展，公司估值将近亿元，给大

① 伏牛堂美食连锁创始人。

家汇报一下成绩，我们总共卖掉了多少米粉呢？我算了一下，长度大概是200万米，加起来可以绕北京六环十圈。今天跟大家聊聊伏牛堂的故事，但是要聊发展的过程，我们就不得不把时间倒回到2004年。我刚刚开始做伏牛堂的时候，有很多困难，在这无数的困难中，有一件事让我印象深刻，就是我父亲知道我做这件事的第一反应。我父亲生活在常德，在那一天之前他是一个非常快乐的中年男人。因为他每天都有一件乐此不疲的事情，就是上班时向他的同事吹嘘他儿子有多么厉害，因为在那样一个五线城市，孩子在北京上学那是非常光荣的事，未来工作也是一片光明。直到有一天他的同事拿了一份报纸递给他，他看报纸上的头版头条，标题叫作“老家米粉北大硕士京城这样卖”。他说这个新闻有意思啊，就继续读了下去，读着读着脸色就僵在那了，因为他发现这个故事的主人公，居然就是他的儿子，他的儿子居然用10万块钱在北京开了个小店卖米粉，他整个人的世界观一下就崩塌了，然后就往北京疯狂地打电话。据他事后跟我讲，当时在那个场景下，面对他的同事，面对这份报纸，他觉得自己过去吹的牛都成了心里流的泪。

这是伏牛堂刚刚创立时面临的所有困难中的一个：家庭不支持。在一个人做出一项决定，特别是在面对很多困难时，一定会有那么一个转折点，去促使你我排除万难。但对我而言，这样的转折点，是一组图片，分别是地球、太阳系、银河系、室女座超星系团和全宇宙。当时我盯着这个“地球”看了三个小时，心乱如麻，应届毕业生应该都面临这种情况，要权衡是选择北京户口还是高工资，是要这个还是要那个，你考虑的很多问题都是你烦恼的来源，但是我在看了地球图片一小时后，我得出什么结论呢？我在地球这幅图片上看不到北大在哪里；看不到北京户口在哪里；“地球”也看不到世界五百强的工作机会在哪里；更别说五险一金和党组织关系。总之我当时考虑的所有问题，在“地球”这幅图片上都不存在。紧接着我看到第二幅图片——太阳系，你发现在这幅图中地球已经快没了。第三幅图片——银河系，你发现在这幅图中太阳系也没有了。第四幅图片——室女座超星系团，银河系也消失了。第五幅图片——全宇宙，当看完这五张图，我整个人被震撼了，脑子里就一句话：“想的越大，烦恼越小。”当我把大学生找工作这事儿，放在全宇宙的维度上来看，我发现我忧愁的户口、律所都不是事儿了，于是在那一刻，我下定决心，毕业一定要干一件能够让我在茫茫黑暗中发那么一丁点的光的事。

正常人的逻辑是这样的，人的一辈子都是从出生走向死亡，都是一条直线，这条直线可能长达100年，可能短至60年，不过，我在想有没有一种方式能让我的生命更长一点呢？思考过后，我的答案是不走直线，而走抛物线。如果这样走的话，你会发现同样是起点和终点，生命长度却可能比走直线的人要长了三四倍乃至20倍，在我看来创业就是这样一条走抛物线的人生路径。你会面临顶峰或低谷，但唯一不变的是你的生命在拉长，在那个黑暗的宇宙图景上，发光发亮的可能性在变大，所以自创业以来很多人问我，天一，你怕不怕伏牛堂这个事没做好？我说我一点也不怕，因为回看这一年，我所经历的东西，可能比我走一条循规蹈矩的人生路线所经历的一辈子还要多，这才是我最宝贵的财富，而所谓的这事能不能做成，能不能融资，能不能上市，这些都是可遇而不可求的。创业的真正意义在于拉长你生命的过程，但是，这套逻辑不一定能说服其他人，比如我爸就不听我这一套，很多人都不听，他会说学法律的还是应该立志成为中国最好的律师。但是当年如果我立志成为中国最好的律师，未必是一个最好的选择。为什么这么说呢？我给大家看一组数据（网上摘抄的不知道对不对），仅2014年，全中国有699万大学生，法律专业的就有10万人，北京有两万个法律专业的毕业生，而2014年一年全北京新增的法律行业岗位只有3000个，为了这3000个岗位你会付出极高的竞争成本和机会成本，最后你的期待被抬高了，却发现你的工作根本满足不了你的期待，所以这个是我们“90后”大学生一毕业就要面临的问题，虽然现在是创业的大时代，但这个时代同样也给“90后”带来了困境，所以我有一套命名为“张氏逻辑”的理论。2014年7月面临毕业的时候，从理智的角度来讲我做出的人生选择一定要有两条标准。第一条标准就叫“有没有差异化竞争优势”。在一个拥堵的年代，差异化太重要了，我们都有这样的生活经验，早上八点骑自行车的人肯定要比开车的人跑得快。我经常这样说：“我宁可光脚跑，累死在路上。”我也不愿意开车堵死在路上。而今天我们这个时代正是有大量的人把时间花费在竞争上，浪费在堵车上，与其这样为何不换一条路呢？比如说卖米粉。一旦差异化竞争优势够了，无论从思维水平、职业兴趣爱好，还是逻辑能力，可能比起粉界同行都会有一定的优势。再比如说大学生，一说创业就是要搞互联网。但不好意思，作为一个大学生“小白”，你没有社会经验、没有行业经验，如果还选了一个纯互联网领域去创业的时候，你会发现进入任何一家细分领域，里面早就有几百个玩家杀得死去活来了。但今天卖米粉的只有我一个，过去一年我犯了N多个错误也没有死掉，原因是我没有对手，也没有天敌把我击垮，我犯了错误我今天也依然活下来了，所以差异化竞争优势很重要。

第二条标准，市场规模一定要大。很多师弟师妹跑来问我问题，说我也想像师兄你一样去开个咖啡馆也去开个什么店。现在很多大学生其实不太清楚一件事，就是创业跟做生意是不一样的，生意是你开一家小店，可以养活自己衣食无忧，而在今天中国的这个语境下，如果你做的这个事情市场想象空间小于1000亿元人民币，那就不叫创业，只能叫生意。有的人会说你吹牛吧，做米粉这事你能做到1000亿元？我说在座的各位你们真别不信，我给大家分享一个英国的排行榜，全美品牌价值前十位的公司只涉及三个行业：第一个是互联网科技行业，第二个是制造业，第三个就是餐饮和食品业。如果你觉得这个榜单有道理的话，可以把它“照搬”到中国市场，列一下前十位的公司，你会发现，有千亿级的互联网公司，也有千亿级的制造业公司，但问题是千亿级的餐饮企业，开了超过1000家店的餐饮企业没有。中国餐饮市场2014年的产值是2.78万亿元人民币，而餐饮市场中餐连锁龙头企业一年的营业收入是30亿元人民币，典型的长尾市场，大规模小散户，在这样一个市场之中，难道还不是遍地肥羊吗？想象空间难道还不够大吗？所以我觉得餐饮业可以做到1000亿元人民币。但是今天的餐饮业放在我们的时代背景下看，正在经历一个千年未有之大变局，也就是说，“互联网+”来了。所以讲了这么多，伏牛堂这个模式也算成立。

我现在要回答另一个问题，就是这事可以干，但是我为什么要干这样一件事情，或者说大一点，就是伏牛堂今天的愿景是什么。我想了大半年，提炼出了这么一句口号：伏牛堂——我要做一家三亿人店级的企业。怎么解读这句话？首先，看世界，意味着未来我的米粉不仅要走出湖南走向全国，还要走向全世界，那意味着从今天开始我的对手就不是旁边的真功夫、和合谷这种本土企业，一定要是麦当劳、肯德基这种跨国企业，要向世界标准去看齐；其次，三亿人，我大概查了一下，中国服务行业从业人员的数量就是三亿人，我要成为这个行业转型的标兵，要让三亿人以我为豪；再次，从“店级”引申到“惦记”，啥叫惦记，有人记着你这个企业，意味着除了挣钱、融资、搞花边新闻，你这个企业还有一点社会价值，我希望伏牛堂能这样；最后，要做“异类”，我前面要做这么多这么难的事，我已经不太可能用一个循规蹈矩的路径来实现了，从我第一天开始做这件事情，我就是个“异类”，所以我们这个企业一定要特立独行，我要找到一帮“异类”，来完成这样一个看似不可能完成的使命和目标。

天大的愿景，天大的梦想，总得要落地，当我把这事落地的时候我的心就凉了。首先是招不来人，今天你会发现“90后”的年轻人不愿意干这个行业，最基层的岗位所需的服务员，工资可能将近3000块钱了，加吃加住加社保，可能真的不一定比一个月薪七八千的白领少，很多白领最后每月都剩不了3000块钱，但是他们不愿意干，因为觉得这工作既没尊严又太累，还找不到工作的价值和快乐，我想如果真的要实现前面说的口号，我首先要做的就是把人招过来。于是我决心让企业做一点变革，我跟大家分享一下我们在这方面做的事情。

一个“90后”团队来做餐饮，能有什么不一样的地方呢？首先是工作流程游戏化，伏牛堂公司内部发行了一款牛币，这个牛币是我们内部的一个货币系统，门店每日的工作任务都可以拆解为约30个任务，每个任务可以匹配一个牛币，员工把认领的任务做完后得到这个牛币，牛币可以攒经验，进行排行，排行后就可以升级，排行榜基于微信做了一个小系统，当然，有些随机的任务也会有牛币奖励，员工之间有限制的物品可以用牛币兑换，比如行业休息比较重要，牛币可以拿来换休息，同时与个人绩效挂钩。再比如说你花1600牛币我可以请你吃一顿饭等。总之，核心思路是把我们这个枯燥的传统行业变得让年轻人喜欢，把它当成打游戏一样进行流程化。一个传统行业团队提供仪式感非常重要，所以为了匹配这样的游戏文化，我们公司从称呼到晋升体系都做了一些改变，比如我本人在门店工作过，却非常讨厌服务员这个称呼，不喜欢别人把我呼来喝去，所以门店基层员工会叫“御林军”，再往上有精锐御林军分舵护法、分舵主、长老堂主，基本上是把黑社会的组织结构搬过来了。为了匹配这个晋级，还会给你授勋，比如美军101空降师勋章、美军第一骑兵师第十山地师，如果你这个月从御林军被评为精锐御林军了，就是优秀员工。说实在的，一两百块的奖励谁也不在乎，但我会给你办一个授勋仪式，把勋章授予你，给你一个委任状，这个委任状乍看是全英文的东西，很多员工的知识水平不一定看得懂，而且有CEO（首席执行官）花体签名，但是我们就是要规格，不是只评了一个精锐御林军而已，还给你发委任状授勋，让人感到你的成就感很高，就跟当选美国总统一样，工作价值感就出来了。

再比如说，你觉得一家餐厅的誓词怎么写比较好？是“顾客至上、微笑服务”，以及每天门口喊口号吗？我觉得这个太low（低端），没有荣誉感，后来我自己写了一个誓词我非常满意，有人评价说，不愧是北大才子写的，中英文双语写得非常好。每次营业前我们都会宣读这个誓词。

我追梦而来勇猛无畏，
我与兄弟姐妹们携手共进，
我精神抖擞征服高山大海，
以伏牛堂之名永不退缩，
以伏牛堂之名完成使命，
以伏牛堂之名冲锋在前。

覃　政[1]

让科幻点亮创新

每个人都生活在现实与理想、真实与梦境之间，但历史上从来没有现在这样的境况：人们可以在有控制的情况下，清醒地接触现实一般的梦境，这就是虚拟现实。

虚拟现实（Virtual Reality，VR）是一种可以创建和体验虚拟世界的计算机仿真系统，它利用计算机生成一种模拟环境，是一种多源信息融合的交互式的三维动态视景和实体行为的仿真系统，使用户沉浸到该环境中。几年前，虚拟现实

① 北京蚁视科技有限公司创始人。

只是一群极客在玩，不过现在越来越多的创业团队开始渗透到这一领域。

在大学期间，我做了一个项目，利用激光旋转进行扫描，从而把房间的形状确定下来，并能确定出位置。这样的装置在科幻小说里出现过，在电影《普罗米修斯》里面，这样的机器人可以帮人类去探索洞穴。这样的技术现在已经应用在无人驾驶的汽车当中，可以通过它来判断实时路况。

我从 2012 年便开始关注虚拟现实，并开始做相关的技术研发。我的灵感主要来自电影《盗梦空间》等。经过潜心研究，我做出了一款早期的虚拟现实设备原型机，而在科幻小说《三体》里面也描述了一种类似的设备。

我还做了一款虚拟现实的相机，能够捕捉到用户眼睛看到的画面，仿佛在你站的这个位置，身临其境一般，这样的设备在刘慈欣的科幻小说《带上她的眼睛》里面有过详细的描述，有这样一副眼镜，它可以把你的视觉分享给别人。

而真正改变我人生轨迹的是一次日常经历。2012 年的一天晚上，我洗澡时忘记摘下眼镜，镜片上洒满了水，就在关掉淋浴开关的一刹那，透过洒满水珠的眼镜我看到了奇妙的一幕：居然可以在镜片上清晰地看到自己的眼睫毛！这是怎么回事？我立即着手研究。原来，镜片上的每个小水珠就像一个透镜，它们组合在一起就形成了一个透镜阵列，由于改变了光线，人们便可看到 20 毫米处的物体，这与昆虫复眼的工作原理类似。

受此启发，我决定另辟蹊径——运用复眼光学原理做显示器产品。智能眼镜等电子设备由于通常用玻璃或硬塑料作材料，难以模仿人眼晶状体变形调焦，昆虫则是依靠多个瞳孔拼接的复眼观察世界，这种机制更适合机械结构，用这种方式去做显示和成像，可能会比人眼看到的范围更广。于是，智能头戴显示产品的第一代原理样机很快横空出世。

用户戴上这样的设备后能看到非常真实的画面，在动画片《攻壳机动队》和电影《黑客帝国》里也有相关的技术。我认为这样的技术在未来有可能取代智能手机，成为每个人的标配，当你戴上它之后，就不再需要传统的智能手机、电脑或者屏幕。此技术在未来可能会植入我们的身体当中，变成身体的一部分，这就是科幻电影里才有的情况。

我也畅想着未来或许有一种魔法世界可以让我们去战斗、去生活，通过这套设备可以完全感受到这种魔法的快感，而虚拟现实技术能够让大家曾经幻想过的所有东西都在虚拟世界里实现，这就是它的魅力。在小说《真名实姓》里就描述了一个电子和魔法结合的世界。

而就在这个时候，著名的谷歌眼镜尚未发布，世人大多还并不知道智能眼镜是什么，但我知道这将是一项颠覆性的技术，未来可以改变人类的生活方式，有可能重构这个世界的很多运行规则。于是我在此领域悉心耕耘，专心研发各项虚拟现实和智能眼镜的前沿技术，并积累了 70 多项国际国内专利。

“这么好的技术，应该马上开始做！”回国创业的谷歌前眼镜研究员赵勇的一句话让我茅塞顿开。就在 2010 年 4 月，谷歌眼镜问世，我认为不能再等下去了，必须马上创业。于是，我开始注册公司，并为自己的公司取名为“蚁视”，意在“像昆虫一样看世界”。当时，我还是个穷学生，为了捣鼓这些东西不得不将结婚的份子钱搭了进去，决定创业时身上只剩下 1 万块钱。现在想起来，我坦言不后悔。从小到大一直很顺利，我的人生需要一些挑战，即使被现实击得头破血流。

2013 年 9 月，第一台能稳定工作的虚拟现实原型机诞生，然而此时，仍然没有哪个投资人看中我的项目。那时创投机构和基金更愿意去投一些软件项目，对硬件市场大多还持观望的态度，加上我的产品是一个纯技术的项目，国外类似的市场也还没有兴起，投资人都比较保守。那时虚拟现实的概念尚未普及，大部分人都很难理解。作为国内第一家专注于该领域的公司，我也是一直在学校里闷头做研究，要说服投资人非常难。一没创业经验，二没资金，三没在大公司任职的经历，很多投资人担心我是个技术骗子。有些投资人见面之后，因为不懂技术，简单地嘲笑这个项目是“常识”。

有一次，我带着自己的项目到一个天使基金公司，早出晚归，在走廊内整整守了三天，结果未曾有机会同其负责人见面聊上一句，项目就被一位下属直接过滤掉。当时我感觉自己就像电影《当幸福来敲门》里面的威尔·史密斯，他提着一个箱子，里面装着他的第一代产品工程机，旁边的一个小孩儿问他：“你提的是时光机吗?”威尔·史密斯回答：“我提的不是时光机，但是我觉得它能改变我的命运。”

与威尔·史密斯相同的是，我也是不撞南墙不回头。经过9个月的游说，无数次的碰壁，最后终于有一个投资人愿意试试看。刚刚开始投资硬件项目的亚杰天使基金在和我聊完之后给出了“很感兴趣”的反馈。亚杰天使基金的投资人说，虽然我没有太多背景，但是愿意让他们下赌注的是因为我在第一次见面给他们体验PC头盔后，一起聊到手机头盔是未来趋势，但是我这时候还没开始做手机头盔的样机，三天后第二次见面我就已经带着很优秀的手机头盔的样机去了，这个时候还没有google cardboard（智能手机头戴式显示器）。投资人认为现在创业就是要有这种能创新的头脑和精神。事实上我们也是他们投资的所有项目中迄今为止最成功的一个。

有了投资人，创业之路开始步入正轨，但随之而来的却是求学与创业的两难选择，毕竟已在自己的专业领域攻读了9年，眼看“修成正果”，但我还是最终选择退学创业。人生中任何时候都可以去读书，但有时创业的机会只有一次，错过就不会再有了。

2014年初，我突破重重阻力，从航天五院博士退学，全身心地投入到创业中。同年4月，蚁视研发的全球首款全兼容虚拟现实头盔在美国著名众筹平台Kickstarter开始众筹。蚁视头盔一经面向全球用户，立马分成了几个观点流派，有些国外用户认为中国产品都是山寨，不可能做出创新，认为蚁视宣称的创新是不可能实现的；另一些国外用户非常喜欢这项创新，希望能支持项目走向量产。这个时候Oculus（全球第一家研发虚拟现实头显公司，2014 年 4 月被 Facebook 以 20 亿美元收购）感到了紧张。在一次国际性展会上对蚁视进行打击，Oculus 创始人在论坛讨论中表达：蚁视的方案是错误的，建议中国人还是抄袭美国人比较好。这个时候，很多已经给蚁视捐出资金的用户也动摇了，出现了退款潮。但蚁视坚持自己的研发路线，并且将已经研发出的产品画面拍摄成视频更新到网站上。用户看见实物视频也停止了怀疑，又纷纷支持蚁视的中国创新。短短一个月的时间，项目共筹的资金超过 26 万美元，打破了中国项目在 Kickstarter 上的众筹纪录，这个消息也让蚁视在全球一夜爆红。此时，几乎所有我之前联系过的投资人都打电话联系我，2014 年 12 月，蚁视顺利获得红杉资本千万美元的 A 轮融资。

2014 年，我结束了把自己的家当作办公室的日子，租赁了一间办公室，并开始招募自己的合作伙伴以及员工。从此，专注于穿戴式设备、虚拟现实、增强现实、立体视觉的研发工作。从博士生到 CEO，这是一个巨大的转变，不过，我感觉自己的身份转变比较顺其自然，因为目前从事的工作其实从本科时就开始了。但是真正组建一个公司，困难可想而知。从最初焊接电路板、调试程序、镜片反复打样测试、出差去找厂家、调试样品质量，到与工程师沟通技术问题，这些事情都由我亲力亲为。创业公司不同于其他大公司，每个人都要身兼数职，很多事情我都要独当一面，这也成为后来我挑选自己团队成员的标准之一。除此之外，我最看重的就是员工的创业激情，中国的职场就缺少这种创业激情，大家对自己的工作缺少一种热爱，而我希望可以和一群认可我的梦想的人一起工作，一起去实现我们共同的梦想。

对于应聘者的学历问题，我想说的是我读到博士都放弃了，就可见我绝对不是一个注重学历的人，有时候评判一个人的标准就是凭自己的感觉——要有创业精神、要勤奋、要聪明好学。从前也曾“迷信”过要招那些在大公司有工作经验的，看起来很优秀的人，但真正用起来却有可能“水土不服”，难以发挥他的价值，最后只能惋惜离开。因为大公司流程很多，每个岗位都有好几个人来撑着，周期也不紧张；而创业公司里更多的时候是一个人要身兼数职，经常要与时间赛跑。创业的过程中，很多机会转瞬即逝，有时候你的产品能够早一天发布都很重要。

从铁杆科幻迷到创业新锐，我把梦想变成了现实。科幻必然是科技创新不竭的动力，科技创新有这样一个链条：从学术领域，到科幻小说、科幻电影，再到科技产品不断地循环，这里面的每一个环节都是由科幻迷去主导的。美国的科幻展、动漫展全是三四十岁的大叔，这些人一旦爱上科幻就是一辈子，不会扔掉，这是他们的生命，这些人驱动了美国科幻的创新。在美国几乎所有伟大的科技公司的创始人都是科幻迷，如比尔·盖茨、乔布斯等。然而在中国这个链条网是缺失的，中国的科幻迷少之又少，而且非常不成功。学术领域的成果直接转化成科学技术，科学技术再转化成科技产品，没有任何一个环节有科幻迷去参与。

中国已经默默经历了两个创新阶段，第一个阶段就是技术工业的转型，我们通过改制产生一大批制造业企业，并且很多是世界五百强；第二个阶段是我们通过互联网进入影视创新，在前期我们也产生了很多的公司。现在中国的情况非常类似于 30 年前的美国硅谷，那时资深的科幻迷们创立了美国谷歌、苹果公司，希望中国也能够有越来越多的人了解科幻、关注科幻，让科幻成为创新的源泉和动力。

孔令博[①]

创业如爬山，风景在顶端

我们每个人都有过爬山的经历，其实在爬山的过程中，只要你自己没有放弃要到达山顶的意愿，你终究是可以到达山顶的。我当时北大毕业以后留校工作，曾经有幸参与了软件发展战略研究室的筹建。在这个过程中，我阅读了大量发达国家产业发展规律的材料，在其成熟的过程中，会有几个阶段成为创富的浪潮。

第一个阶段是以能源为主导；第二个阶段是以基础建设为主导；第三个阶段是以股权投资为

① 奥琦玮信息科技（北京）有限公司总经理，北京大学校友会创业联合副会长。

主导；第四个阶段是以行业的兼并重组为主导；第五个阶段采取的是跨疆域和跨国界的资源整合。

而今天的中国其实是处于第三个阶段，一个典型的特征就是：创造财富的速度会越来越快，而且会越来越依赖人们的思维能力和实力，并不是完全依赖自然资源。在未来的社会结构当中，数据将依赖于人们的思维构造重新在产业中发挥越来越重要的作用。

在股权投资时代有三个典型的特征：第一个就是你有没有识别到这个社会所存在的一些问题，从而形成一些创意；第二个就是你有没有能够调动起来适合你这个创意的资金跟你一起发展；第三个就是你有没有寻找到这个社会里面已经沉淀的资源，帮助你去实现自己最后的目标。所以在经过这三个分析以后，我个人认为有创意是个非常大的优势，所以我就想去寻找一个自己的创业方向。当时并没有完全下定决心，后来有一次跟朋友爬山的时候我突然发现，好像每一个人爬山的习惯完全不一样：一种是规则偏好型的；另一种是风险偏好型的。我发现自己属于后者。那么结合我前面发现的规律和风险偏好的个性，我觉得自己适合出来创业。所以我就从学校辞职，创办了一个自己的企业。

我创办企业的时候，并不像我们现在的年轻人，希望做一家多么伟大的企业，或做一件改变世界的事情，当时就仅仅因为我发现这个社会的某些发展规律，以自己的个性选择了一项适合自己的职业。我的发展路径非常简单，首先以 IT 外包的项目生存下来。我承接的一个最大的项目就是卫星系统的弹道设计服务平台，这个在当时属于高度保密的项目，现在已经解密了。后来，既然我们能识别社会当中所存在的问题，我们做的产品就应该是去解决相应类型的问题。

于是我们就发明了很多小的产品，比如发光的衣服、会跑的闹钟、遥控的演示笔和定制的文化衫。今天看来有些概念可能并不是那么的新奇，但是在2007年的时候，我们做这个事情是完全崭新的概念。当然这些产品都曾经产生了很好的销量，也支撑了我们公司的发展。但是在这个过程当中我又在思考，如果你选择的这个山本身不够高的话，可能爬起来的路径也不会好玩，这条跑道也不够长。

所以我当时又重新考虑了几个问题：第一，就是到底应该选择什么样的产品作为我们的方向；第二，就是所解决的问题大小及其持久性其实决定了创业的道路是否足够长；第三，就是就像爬山一样，选什么样的山来爬最后就决定了到达的高度。将这三个问题综合在一起进行考虑以后，我们发现现在做的很多有创意的小产品虽然得到了良好的市场认可，但是如果我们想要做一件比较长久的、持久的、对社会有价值和意义的事情，应该去识别一个更大的问题。所以从2007年底开始，我们一直带着这样的想法去思考我们生活当中可能存在的更大的一些问题。比如，我们在吃饭的时候可能会碰到这样的问题，点完餐以后服务员过来告诉你，对不起，这个菜没有了。我们翻纸质菜谱的时候会发现很多菜名上面用纸或笔改了很多次价格。同时，我们还会在结账的时候不知道自己花了多少钱。当时我们就想，能不能把它组装在一起，变成一个电子的菜谱。其实今天我们每个人都觉得它并不是一个特别新颖的概念。但是在 2007 年底的时候，并不像今天一样大家都使用智能手机，即使 iPad 也没有如此的普及。我们在 2008 年 6 月推出这个产品的时候，以色列和美国大约滞后了 6 个月才推出了类似的相关联的产品。

然后我们就想，我们一定要把这个产品做出来。因为它很有可能会革新已经用了几千年的纸质菜谱。所以在 2008 年 6 月 1 日我们的产品在北大艺园饭店上线后，由于这个产品的新颖性得到了多方面的关注，很多去学校里进行采访的新闻媒体记者，都觉得这是一个非常新颖的东西，认为这是中国绿色餐饮的一种革命，会减少很多纸张的浪费。既然能够得到这么多媒体的认可，我们就应该大规模地向社会推广。央视曾出版图书《谁在创新我们的生活》，我们的产品入选该书第一篇。因为它在当时的确是一个非常全新的概念。

餐饮行业有四个特征：第一个是人流量特别大；第二个是现金量很充足；第三个是分布很广泛；第四个是群体很分明。就是不同的人对饭店的选择很有针对性，如果说能够做一个垂直分类的媒体的话，将会是一个非常好的发展方向。我们想了这样的一个模式以后，很快就融到将近 3000 万元的资金。我们当时就想，干脆把这些资金全部用于赠送产品上。通过大规模的推广以后，形成一定的媒体覆盖面。

很遗憾的是，因为这个产品本身在当时过于新颖，即使是饭店的老板接受了，消费者也没有办法接受。之所以能够在北大艺园饭店里面成功，主要是因为在北大里吃饭的大部分都是年轻人，当他碰到一种新鲜事物的时候，首先想到的是我落伍了，所以会主动去改变自己的思维方式，可在社会上就不一样了。再好的餐馆，定位再清晰，它的客户群体也是有从十几岁的小孩到五六十岁的老人，任何一个饭店的老板都不会因为要引进一个新的产品，而拒绝10%或20%的客户群体。所以我们的产品送出去以后并没有得到消费者大规模的使用，从而导致我所设计的商业模式并没有成功落地。那个时候一部iPad的成本就要2000多元。既然是赠送产品，我们的资金很快就被消化掉了，对我们造成极大的心理反差。

到手的资金仅仅用了一年多一点的时间，就全部消耗掉了。那个时候对我们来讲有一点点沮丧，但是谈不上特别的沮丧。我经常跟别人讲，我的白头发都是在那六个月的时间里长出来的。在那个时候我们其实有三个选择：第一个选择是我干脆就把公司关掉；第二个选择是继续融资；但是我们最终做了第三个选择，进行产品转型。因为我当时想清楚了两个道理：第一个道理是真真正正优秀的产品不仅仅是客户可以接受，客户的客户也应该可以接受。第二个道理就是创业应该是创造价值，而不应该是利用资本去催生一个东西。当然，我认为在一些基础科学层面上，资金是应该去催生一些带有前沿性和前瞻性的技术，而在应用这个领域里面，应该去尊重消费者目前的这种消费状态，所以我们就进行了深刻的反思，决定对产品进行转型。既然要进行转型，我就要思考两个问题：第一个问题就是我当时的投资人怎么办；第二个问题就是我当时已有的100多名员工怎么办。所以我们决定，既然是因为我们自己对市场判断失误而出现了问题，那么我需要跟投资人进行坦诚沟通：如果你不愿意和我们共同前行的话，我就以10%的年息返还你的资金和利息。第二件事情就是我们也不进行刚性裁员，就在我们现有的团队和原有产品的基础上，制定新的规则，采取这种自然淘汰的方法去沉淀我的团队，这两点其实给我们带来的压力也是非常大的，但是对我们未来的影响也是非常深远的。我们采取第一个决定是因为我觉得投资人的钱是社会资金的初始积累，如果我们要继续去做这个公司的话，就应该去承担前期所带来的风险，但是我不应该让那些不愿意跟我一起前行的人承担这个风险，所以如果投资人愿意离开的话，我们就会付他10%的利息。我比较幸运，得到了很多校友的支持。第二个决定就是我们采用制定规则而不是刚性裁员的方法，虽然说又亏了将近600万元，但是目前公司所有的核心团队成员有将近40人，这样的话我们就很顺利地从当时的低谷时期转型过来。

转型以后我们在深度调研第一次的错误时，得到两个结论：第一个结论是面对消费者的产品，不能只具有功能性的价值，还要考虑和消费者的消费习惯的匹配程度；第二个结论是如果没有足够的资金，做硬件产品要考虑生产供应产品的成熟度，因为我们当时在做电子菜谱的时候，市面上并没有特别成熟的生产供应厂家，而我们的资金完全不足以支撑一个生态链的生产环境。在这个过程中，我们有了一个意外的发现：当时所有的饮食行业都在从单独门店的这种分散式的运营，向总部支撑式的连锁运营发展，而在这个过程中，它们对数据的管理形成刚性的需求。我们今天都在讲大数据，其实大数据的表现有三个阶段：第一个阶段是你有没有丰富的数据基础源进行采集；第二个阶段是你采集到的数据在分析以后有没有应用的价值；第三个阶段是如果有应用的价值，在进行深度挖掘以后，它能不能对决策体系带来一些支撑，这个决策体系可以微观到个人，可以中观到一个公司，也可以大到一个国家。如果一个行业本身对数据管理有需求的话，我们就可以做一个全新的产品来满足这种需求。所以那个时候我们就对这种连锁性的或者规模化的服务型行业在发展的过程中，所需要的数据型产品展开了研究，很快我们就基于连锁客户对数据管理的需求，推出了“餐行健”这种智慧餐饮 IT 的整体框架，它本身就包含了一个规模化企业的采购、加工、物流配送、门店管理等互联网营销的所有链条，最终给这个大型的连锁餐饮企业提供数据决策的支撑。

其实我们整个转型的过程用了不到两年的时间，我们从研发产品到服务行业里的典型客户，是取得了一定的成功的。在这个基础之上，既然已经有了样板客户，同时还有了相对成熟的产品，所以我们在 2015 年底又完成了一轮融资，现在我们已经成为连锁性餐饮信息化里的龙头企业，现在公司的估值已经接近 10 亿元。

创业方向有两个特征：第一个是消费服务领域，这个领域的就是你要想办法通过你的产品，满足人们向往美好、便捷的显性和隐性的需求与欲望。它的特征就是变化快、周期短、偏感性群体。如果说你自己对消费者的消费心理特别有感觉的话，我觉得你在这个领域里面比较容易成功。第二个是企业服务领域，它主要就是解决目标企业客户运营过程中的效率、效益问题。它的特征就是变化慢、周期长、偏理性群体。从严格意义来讲，企业服务领域里面的生命周期更长，比如大家今天耳熟能详的IBM、SAP（恩爱普）、埃森哲、Oracle（甲骨文），都是属于企业级服务的企业。而它们一旦建立了竞争优势以后，其他的竞争对手很难把它PK（对决）掉，所以我也希望每一位创客能够去思考适合自己的创业领域。

那么回到我之前总结的规律，我个人认为中国正好处于创意、资金和资源三者进行融合的时候，在这个基础之上，还要满足另外一点，你才能真真正正地持续运营一个企业，那就是爬山登顶的毅力，当你有一个优秀的创意去解决社会的问题，可以利用资金去落地，而且还可以驾驭资源帮你去铺一个台阶的时候，你一定要有毅力。我个人认为，如果你不放弃登顶，就一定可以到达，创业实际上是最没有风险的事情。只是有的时候在创业层面上比较容易放弃，因为创业这条道路你是看不到尽头的，所以容易给自己带来很大的心理压力和固性的失败感，你又没有办法去修正它。很多爬山智慧可以很好地去从容应对创业中碰到的一些问题。

创业如爬山，选择爬什么样的山，就决定了我们最终的高度，只要我们自己不放弃登顶的意志，那么，过程中的成功、失败，都是为了登顶所做的铺垫，祝愿我们所有的创客，都能够登顶属于自己的山峰。

第二章

政策有力，行动实际

陈 伟[1]

取得市场成功才是关键

创新创业是我生命中最重要的事情之一，20多年前我进入清华大学攻读博士学位的时候，专业方向就是创新经济，非常巧的是，我的博士论文《创新过程》写的就是创新和创业。后来我还写了中国第一本创新管理的专著，从此以后无论是在国际组织工作还是在政府企业工作，我都一直在做创新的研究和实验。

今天我想和大家分享一下作为一个创业者如何提高创新的成功率。首先我想请大家回答第一

---

① 中国国际经济交流中心创新战略研究室主任，中国创新管理学科主要奠基者之一。

个问题，谁是电灯的发明者？应该会有相当多的人认为是爱迪生发明了电灯，但实际上无论是爱迪生博物馆，还是美国国家专利局的登记都证明他不是发明者，而是第23个申请电灯专利的人，但是为什么大家认为爱迪生是电灯的发明者？我认为有三个因素。

第一，爱迪生把改变家庭和办公照明的方式作为自己的使命，把电灯推进千家万户作为自己的目标，特别是发明了钨丝，把电灯变成了一种大众化的东西；第二，爱迪生生产的电灯跟其他的电灯相比具有优质价廉的特征，其他电灯都得不到实际应用，而且温度非常高，容易失火；第三，也是与创客有关的，爱迪生最大的成功不是发明电灯和把电灯变成实际的产品，而是发明了更重要的东西——电力系统，电力的应用应该是人类有史以来最伟大的创新，爱迪生发明电力系统以后才让电灯的运用成为现实，所以这就是爱迪生的高明之处，他在吸引风险投资、吸引筹措资金、向社会推荐等方面都是非常出色的。从这一点可以看出，实际上大家更重视的是那些把发明变成创新，变成应用的人。所以爱迪生是一个伟大的企业家和发明者，最后才是一个科学家。

当然在这里可能有些人会提出不同的想法和意见，我们可以听听爱迪生如何评价自己。爱迪生说，我不是科学家，至少我不是纯科学家，我与法拉第和牛顿不一样，我从来没有发现过自然规律，也从来没有在自然科学上有过创造或是发明，我一切都是从实际出发，以商业为目的，所以我最多算一个应用者。

在那个时代，社会上包括科学界对爱迪生的认识也是非常不一样的，1911 年有人提名爱迪生作为美国科学院的院士，当时最著名的美国物理学家坚决反对，声称我们不能和勤杂工同流合污。16 年之后爱迪生才被勉强接受，也是因为他声誉比较大。从这一点来说，把爱迪生看成科学家是忽略了其最核心的内容，爱迪生对自己有个总的评价，他说我是披着发明家的外衣，有着一切从实际出发的头脑，有灵敏的商业嗅觉和使新技术得到应用的才能。因此爱迪生是最伟大的企业家与创业者。所以各位创业者可以去研究爱迪生的经历，到爱迪生博物馆去看一看爱迪生是如何创业的，他是最成功、最伟大的创业者。

第二个问题，很多人可能也认为是瓦特发明了蒸汽机，实际上瓦特根本就没有发明蒸汽机，蒸汽机真正的发明者是纽卡门，他是蒸汽机这个概念或者原型机的发明家，但是他发明的蒸汽机非常大，而且无法大规模地运用，如果再追求原创性的话，是化学家伯约尔用炸药作为动力，来推动这个机器。瓦特干了什么呢？瓦特实际上是把这个蒸汽机重新设计了，设计以后蒸汽机炉子就变小了，就可以在轮船铁道上使用，这项重新设计开创了一个蒸汽机时代。还有一个企业家博尔顿支持瓦特重新设计蒸汽机，所以这两个人加在一起是设计者和创客。

我提出这两个问题是什么意思呢？就是在今天这个创业的时代，相当多的人对创新有着误解，造成了国家在创新政策、创业投资的方向，包括我们创业者的策略和发展战略上的失误，也造成了很多创业者的失败，所以创业者要想提高创新创业的成功率，第一个问题就是要正确认识什么是创新。

2006 年《商业周刊》评的全球最具创新力的二十几家企业里，第一名是苹果公司，《商业周刊》调查的依据有业务流程，产品创新，还有商业模式创新。《商业周刊》调查的对象是全球 1500 家企业的高管人员，从这一点来说，商业界对创新的认识也是非常清晰的。苹果公司排名第一的理由是杰出的设计和创新性的软件平台，以及创造了无与伦比的用户体验。在几年以后苹果手机出来的时候，苹果公司再一次得到了第一名，这里面用了很多的技术，但是它绝对不是单靠技术的创新取得成功的，苹果公司 iPhone 的成功，和它的 APP（计算机应用程序）以及整个生态系统有极大的关系，造就了它的核心竞争力，所以从先进的、成功的国际企业来看，作为创业者我们要从商业的角度，从创造价值的角度来考虑创新，而不能把技术作为纯粹的导向。

这个也是国际工商界比较认可的一个对创新的认识，创新是企业家首次向经济中引入的，能够创造消费者价值的一个新事物。有三个关键的问题：第一，企业家是核心，而不是科学家和工程师；第二，要能够给消费者和企业创造价值；第三，首次以商业的意义引入经济之中。互联网芯片、信用卡、保险、报纸、分期付款、汽车安全带、董事会的董事责任险等，所有这些东西都表明了创新一定要以企业家为中心，要以创造价值为中心，而不是以技术的先进和落后为标准。

有的人把创新等同于研究开发和技术，交给技术人员来主导，特别是一些高技术公司，很多初创者都是技术出身，有相当多的人一直以技术为导向，造成了很多企业的失败。高技术企业一个非常现实的问题就是如何从技术导向转向市场导向和商业导向。一定要明确科学家、研究人员和企业家在创新创业过程中谁是主导，我们不否定有的科学家或者是专业人员本身既是专业人员又是企业家。再一个就是科技的创新，我们不否定科学技术在创新过程中的作用。同时，也有相当多的创新源自科技，但是真正地从科技突破形成的创新非常少，而且创新成功的难度是非常大的，对于我们大众创业来说，这类企业少，如果我们把主题放在这个上面，我想创业的成果不会太好。科技创新还带来另一个问题，就是大家把技术的先进性放在了首位，我们国家重要的创新基金跟我做过交流，它有一条原则：我支持你的条件之一就是你的技术必须是最先进的。我当时就否定了，我说 IBM 计算机出现以后，成为市场上的主导设计和行业标准，它用的技术都是平凡技术，成功之处是把技术、市场的需要和用户的需要成功结合到一起。所以我们如果过于强调技术的主导性，创新的成功就会面临很大的风险。

那么创新的过程中哪些东西最重要？首要的问题就是提高创新的种子质量。企业怎样寻找创新的种子效率才最高？根据我们的研究和国际企业创新的实践，第一就是意外，第二是失败，第三是不协调。来自失败的意外是最容易和最有价值的，比如 1890 年强生是一家生产抗菌纱布和药膏的公司，产品产出以后，有客户投诉说，用了这个东西以后身上不舒服，研究部的负责人就给他们寄了一小罐的意大利滑石粉，可以舒服一些。后来他建议所有产品上都加一小点滑石粉，不久后很多人来信专门买这个滑石粉，经过研究，他就创造了强生历史上第一个最强大的产品——强生婴儿爽身粉，占据了强生公司44%的产值。

失败也是一个重要的创新来源，大家都知道有一种男性的药物是伟哥，这个药最开始是治心绞痛的，但是医生反映作用不大，而且还有副作用，原因就是刺激男性性器官，这些研究人员马上做了一个重新定位，之后开发出了一种成功的药品。

第三个虽然不是创业者本身的问题，但是对创业成功至关重要。政府确实做了很多的工作，但是要营造出好的创新环境和氛围仅靠这些是不够的，最终要使创业者成功，要想真正形成大众创业、万众创新的局面，特别是达到好的效果，我们需要构建创新的生态系统，建立良好的创新氛围与环境，包括创新的基石，才能使大众创业、万众创新深入下去，才能够对我们经济产生实实在在的作用。

张　丹[1]

医疗行业服务不能悬在云端

我今天跟大家分享的主题是“创业是一种态度”。我记得2010年的一个早晨，本来我是做好准备中午去跟一个重要客户见面的，可是那天早晨起来的时候，我就突然觉得天旋地转，胸闷喘不过气来，当时我就被送到医院，而且很快就被推进了抢救室。我心里特别害怕，因为突然进来一大帮大夫，给我从头到脚戴了很多的监测设备，就像是传说中的重症监护室一样，什么心电、血压设备都有。

① 橙意家人科技（天津）有限公司创始人。

躺在床上的时候，我听到设备在嘀嗒作响，我就想我是不是一会儿就要进行手术了，特别紧张。但是过了十多分钟吧，突然医生走了，就剩下一个护士，冲我说，你起来吧，数据显示没有问题，你一会儿就可以走了。我当时觉得所有很难受的症状都没有消失，但是为什么医生却说没有问题呢？这个事情我非常纳闷，我一定要跟医生去聊聊。

医生给我科普了一个词叫预防医学。也就是说，如说病变发生器质性的改变即有临床的指标之后，医院才会给你治疗，这是医院要做的事情，你虽然不舒服，但你所有的指标都很正常，那么这是预防医学里面的一个问题，不是临床能管得了的。

我当时就在想，我这么年轻已经出现这个问题了，而且我身边可能还有很多很多人都面临着亚健康的问题，那医院管不了，这个市场又足够大，是不是一个蓝海呢？既能帮助自己也能帮助别人，能不能作为我一生追求的事业？

我的第一次创业

我就毅然决然地开始创业，这是我的第一次创业，我相信每一个人的创业过程都是一部辛酸史和血泪史。当时健康领域是个非常专业的领域，我们的市场还蛮好，用了半年时间签了1000万元的合同，那个时候我们觉得要有个大的办公室，还有对客户的服务应该是非常全面、非常完善的。可是这对于一个初创企业来讲是非常大的错误，因为我们的资源、精力、资本做不到这样的状况，后来成本投入特别大，这样的模式没有办法复制下去，所以就陷入了一个创业前期的泥潭。

后来，资金包括回款的问题都遇到了很大的瓶颈，最困难的时候，我每次去上班，到了以后却没勇气进去，就傻傻地坐在车里面待半个小时，我不知道该怎么面对我的员工，那个时候真的很艰难。当时我有很多朋友跟我讲，你一个女人干吗要这么辛苦，这么折腾呢，找一份安稳的工作很好啊。那个时候我也在想，我是一个女人，我可以有退路，但是我走上创业这条路，后面还有我的员工、客户、股东，我就没有退路了，只能坚持。我要勇敢地去面对错误，我把大办公室退掉，搬到小办公室，尽量压缩成本去服务好客户，我们要去探索第二次创业，重新去找我们的起点。

我记得特别清楚，我们去找方向的时候已经快过年了，还留下的几个人在一起吃饭，我当时跟他们说了一句话，我说我再走下去的动力不是为了我自己，我希望能给你们一个更好的明天，是这份责任让我坚持下来。

打呼噜也是一种病，得治

当然，刚才我也讲了，我最大的错误是大而全，所以我觉得创业前期一定要找一个细分领域，在这个细分领域里面我们才有机会，才能做得更加专注和极致，所以那个时候我们在健康领域里面也找了很多方向，在此过程中也付出了很多的努力，但是创业有时候就来源于生活。我记得也是一个特别有意思的聚会，来了很多的朋友，其中有一些男士朋友就会说，明天出差，我不要跟你住一个屋，我们俩都打呼噜。我觉得这个事情大家都能感受到，也许每一个家庭里面都有一个人在打呼噜，甚至有可能夫妻还分房睡。我记得有一个朋友说，我一个哥们的绰号叫“半栋楼”，意思就是他打呼噜半栋楼都能听见。我们从这个点切入会不会很好呢？我们第一站到台湾的医院做考察，在那个时候我碰到第一个客人是一个70岁左右的台湾企业家，他给我讲了一段故事特别打动我。他曾经是一个非常成功的企业家，后来因为生活品质得到提升，体重升到200斤，他患有严重的鼾症，做了两次心脏病手术，他说躺在病床上想得最多的是，我为什么活着，活着不是仅仅为活着，而是要健康地活着，他用了一种超毅力的过程去康复，现在已经好了。我觉得这样的精神，这样的老人真的感动了我们，我们之前的难过，之前的困难都不是困难，我们为了这样一份事业要坚持下去，而且我依然觉得这个方向找对了。

我们带着这样的感动回到了大陆，之后做了很多的调研，但是恰恰相反，给到我们的很多意见是，这个方向不好啊，这个不行，那个不行。我们经过反复思考之后发现了一个问题，那就是什么是机会？也许有人会说，当你发现一个很好的地方，我往那个地方扎就是机会，但是对于我们来讲，如果发现问题并能解决问题这才是机会。

我们再往下探讨这个问题出在哪里，其实鼾症就是打呼噜过程中伴随呼吸暂停，这是一个非常严重的疾病，高秀敏和王健都是因为这个死亡的，患有冠心病的100万人群中有30%的人是在夜间打鼾死掉的，这是一个非常庞大的数据，所以这是非常容易致死的疾病。还有一个可怕的地方，它居然是很多慢性病的病因，叫鼾症八宗罪——老年痴呆、记忆力减退、中风高达 50% 等，说明它特别可怕，不是像我们所说的，打得越响睡得越香。

我们再深挖，为什么这么严重的疾病在国内很多人都不去治疗呢？原来有一个秘密。其实鼾症的发病率大概是 5%，我国有 6800 万的鼾症人群，但是得到治疗的不到 2%，全国有 2000 个医院可以做这个事情，但是平均床位只有两个，这些人群要检查完才能做治疗，所以检查需要 70 年，但我们整个社会，整个家庭是等不起的。问题找到了，刚才说我们的机会在问题里，所以创业需要创新，我们一定要用创新的技术去解决我们的问题。我的一个客户说你知道我去医院做检查多么困难吗？我去检查，要在医院睡一个晚上，你能不能不要再让我做“人肉炸弹”了？我说好，我们就往这个方向走，我们要实现在家里就能做检查，而且是用非常简便的医疗设备，再把数据传给医生。

底裤不能脱，血氧指标不能丢

当我们进入鼾症领域的时候，就想找一些行业里面的专家来交流，所以我们就去拜访了朝阳医院的郭主任，因为他是睡眠领域的学术权威。我记得那天特别有意思，当我们进到科室之后跟郭主任交流，大概用了半个小时，郭主任就特别兴奋，他突然打断我们说，我跟你们讲一讲，这件事情是这样的，我从事这个工作 30 多年了，一直在研究睡眠领域，我记得特别清楚的是，在最初，没有这种专业设备检查的时候，我们是在患者晚上睡觉的时候，拿一个小棉球在他鼻孔那个地方试探他的呼吸有没有暂停。我们那个时候叫没有解放人力，用了一个最笨的办法来解决这个问题。但是我们现在有一些复杂的设备了，也能得到一些复杂的数据，当然也能监测出这些准确的指标，但是我们还是没有解放人力，医院的床位是很有限的，我们现在面临的一个临床问题就是每天的检查数量，其实人很多但是我排不开，我有时最长能排七个多月。所以我对患者确实无能为力，我们特别希望有一个特别简单的，又能解放人力的设备，就是让医生不用在晚上去监测病人。就像一个人穿衣服一样，有很多衣服可以一件一件脱掉，但是唯一不能脱掉的就是那个底裤，血氧就是那个底裤，这个指标是不能丢掉的。我们在鼾症的监测过程中，最重要的是判断他的缺氧程度，所以血氧的连续指标对最后形成的监测报告是非常有意义的。他说这是他见过的可穿戴（设备）里面最靠谱的一个产品。

橙意手表就是一个门诊医生

大家都知道，要想进入医院与医生合作是特别不容易的一件事情，可能很多互联网的公司都希望绕道而行，但是在这个地方我觉得特别兴奋，我们大概用了两个月的时间，签了 20 家公立医院，大概半个小时我们就能说服一个主任。然后包括跟卫生局的主管局长去沟通的时候，可能也就用了十多分钟，所以这个真的超出我的预期范围，我没有用任何的公关手段，因为产品定位非常准确，所以大家能够接受我们。

我们有了这样一个庞大的医疗资源作后盾，所以产品的后期服务也就非常完善了。我现在手上戴的是我们的新款手表，患者在家里睡觉的时候可以戴着它来做整个监测，然后早上起来只要打开 APP 就可以把数据上传到专家那里。未来我们的 APP 里是两个部分：一个是专家端，另一个是客户端，这样专家就能看到病人的实时数据了。第一，作为监测是非常方便的；第二，所有的治疗效果好不好，患者一目了然，那么对专家来讲，他也是实时监测了，如果有问题专家马上会做出调压的这种准备。

有很多鼾症患者已经在使用我们这款产品。比如说那个台湾的企业家，他应该算是我们的超级粉丝了，他买了我们的产品之后发信息过来说橙意手表真是解决了我一个最大的问题，就像给我请了一个门诊医生一样，时刻关注我的健康。像这样的粉丝特别多，现在他们也都加入橙意的团队，帮我们做升级研发。在这个过程中，我们最大的感受就是，我们真的是用产品来打开了这个市场。

汤明磊[1]

和创业恋爱的闯先生

我来自南开大学政府学院，现在在读博士二年级。2014 年我们做了一个孵化器，是全国第一家大学生自己做的孵化器，叫闯先生。很多人都会说现在孵化器这么多，大学生连创业都创不好，怎么还好意思孵化别人，这其实正是我们做闯先生的初衷，大学生一直是弱势群体，在就业中是，在创业中也是；就业中我们常常因为就业经验的缺失被 HR（人力资源）鄙视，创业中我们常常因为创业经验的缺失被投资人鄙视。创业

① 闯先生网络科技有限公司董事长。

是一个九死一生的过程，特别是对于大学生创业者来说，更可能是九十九死一生，大家看到的舞台上光鲜亮丽的创业明星都是少数中的少数，大部分的大学生创业者在创业路上苦苦前行，看不到光明和希望。

其实，这里有个微妙的地方，自古英雄出少年，但大多数少年却在他的时代来临之前就被磨平了棱角，如何让优秀的青年在创新中找到尊严，而不是在等待和逢迎中找到尊严，我觉得这是我的初衷所在。算上硕博，大学生群体年龄在 18 ~ 27 岁，恰恰是人生大脑神经元系统最发达的时候，它像是一座蕴含巨大能量却缺乏有序引导的富矿，值得我们深深探索，大家熟悉的甲骨文、微软、苹果、谷歌的创始人都是在大学阶段开始的创业。我感觉我们青年已经有了德先生和赛先生，但是都比较文绉绉，在创新创业的大潮下，我觉得我们还需增添一份闯劲儿，所以就把这家大学生孵化器命名为闯先生。我把闯先生定位为大学生创业者的全站式创业管家，针对创业者的真实需求，提供投融资对接、商业计划书辅导、路演培训等一系列具体服务。目前我们的线下创业空间“闯吧”已经进驻了天津的十多家高校，并且在可预见的将来会走出天津，走到全国的大学生中间，如果你是一个大学生，来闯先生，不仅可以看到有趣的项目，接触到有趣的事，更能结识到有趣的人。

天津大学有一个专门研究日用品的实验室创客团队，也是我们服务团队中的一个小例子。每一届学生都会做一件日用品留在实验室，包括驱蚊水、脚气水、洗手液等。这个实验室的产品此前会在学校范围内售卖。我们的团队介入这个项目后发现，产品很好，但是存在缺乏现代感包装、缺乏完善销售渠道、缺乏资金对接三大问题。我们帮助这个实验室里的同学重整商业模式，促成合理的股权分配，安排设计团队设计 Logo（商标），对接厂商，在每个学校设点，打通销售渠道，现在这个公司销售情况良好，即将拿到投资。

闯先生注册成立已将近两年，如果要为我和闯先生的邂逅作一个比喻的话，我觉得最恰当的就是转角遇到爱。我从本科到博士跨过四个专业，其间有很多次就业和深造的机会，可以说是一直都在转角上，这次算是谈了一次酣畅淋漓的恋爱。如果把创业比作恋爱的话，我们做的工种比较特殊，是帮助别人谈恋爱。这16 个月以来，我见证了不少分分合合，也见证了不少终成眷属，由此总结出了几条恋爱法则，正好做一个简单分享。

谈恋爱第一条，动机要纯；创业第一条，三观要正。同学们最大的问题就是从众心理，我们穿着同样的校服，做着同样的试题，背着同样的答案，考进了同样的学校。进了学校，别人进了学生会，那我也进学生会吧；别人在打游戏，那我也打游戏吧；别人都有女朋友了，那我也找一个吧；别人都去创业了，我也去创个业吧。反正只要不读书，干什么都行。女朋友是你情感的寄托，是用来交换思想、携手人生的，不是被你用来填补空虚的；创业也一样，千万不要为了创业而创业，任何时候，创业都是结果，而不是原因。国人最缺的就是概率意识，突出表现在买彩票认为即便万分之一的中奖率也肯定是我，买保险认为即便万分之一的危险也肯定不是我。什么是结果呢？就是我有了这有了那，已经水到渠成了，所以我想创业吧。或者我的资源和团队都在这里了，忽然局外人点醒了我其中的关键。而不是依旧被比较思维牵着，我周围的人都开始创业啦，要不我也创业开个什么吧，那样你肯定失败，因为这不是市场的需求。虽然闯先生可以帮你找人、找钱、找地方、找经验、找政策，但我们不鼓励你这五项一个都没有的时候来找我们，市场不需要那么多老板，真的对创业感兴趣，我们鼓励你先去创业公司工作一段时间。

谈恋爱第二条，人靠谱；创业第二条，好团队。在谈恋爱中，女生母爱泛滥时，会要求你成为可爱正太；女生安全感缺失时，又会要求你成为成熟大叔，这需要我们男同胞有一个多元包容的人格。创业也是一样，摆在面前的第一个难题就是找一个互补的团队。当时大众创业、万众创新的热潮还没有席卷全国，周围的同学朋友对孵化行业都知之甚少，好多同学都问我们公司和卖鸡蛋的有什么联系。找到志同道合的人很难，更难的是要让志同道合的人放弃现在的一切，加入我们。我当时秉承的原则就是"多元 + 死磕"，"多元"是指我花时间参加北京、天津甚至杭州、广州各种各样的创业活动，在创业圈里找志同道合的人；"死磕"是指一旦发现志同道合的人，我就持续地跟他联系，通过模式的创新和坚持打动他，有小孩的就经常给小孩买礼物，有女朋友的就经常组织家庭聚餐。功夫不负有心人，慢慢地，一位位创业人才被我打动，截至目前，我们有华为工作 15 年的高管、放弃高薪的海归、美国佛罗里达州的营销学硕士、香港城市大学的传播学硕士、休学创业的学联主席、有10年孵化经验的国企孵化器老总，堪称天津大学生创业团队的最强阵容。

谈恋爱第三条，急女友所需；创业第三条，解决用户痛点。在谈恋爱中有两种点，一种叫痒点，另一种叫痛点，痒点给人短暂的快感，痛点给人长足的快乐。女友生日弄个烛光晚宴啊，下班路上顺手给她买个包包啊，都可以让女朋友在短时间内欢欣鼓舞，但她肯定不是因为烛光晚宴和包包才找的你，所以这些只是她的痒点。那她的痛点在哪里呢？如果她渴求思考，她希望找一个知识分子；如果她追求自由，她希望找一个艺术家，这是她的痛点。创业也一样，真需求和伪需求很难辨别，有时都隐藏在同一个外表下，而刚需和弱需也很有迷惑性。我们经常发现一系列APP，比如现在的足迹，以前的脸萌、魔漫，等等，为什么火完一小阵就不火了？因为不是刚需，是弱需，解决了痒点没解决痛点，不要想当然地经常说自己有一个好的想法，希望你先做落地和调研。

谈恋爱第四条，节奏大师；创业第四条，完美切入。其实“屌丝”与“高富帅”的最大不同并不仅仅是穿着、财富，很可能是一种思维的不同。过分的线性回馈需求是弱者急躁的具体体现，男人年轻的时候思维方式大多是线性的，遇到感情问题后首先想到的依然是用一系列线性的方法来解决，缺钱则拼命赚钱，出身卑微则寻求名校光环，但求满足一切已知条件然后导出理想的结果，这种立竿见影的心态正是所谓“屌丝”的最大缺陷所在，吃一次苦就想让别人念你好，请一次客就想确立关系，那女生见你躲都来不及。创业也是一样，一上来就想赚大钱，除非你的产品够牛。节奏感和切入点是最重要的，要有一个好的切入点，高频到低频，痛点到痒点。比如招聘切入社交难，社交切入招聘容易，等等。“挑逗”群众是一门艺术，更是一种节奏。

其实，创业只是我们生命中的一种生态，有句话说得好，心态决定姿态，姿态决定生态。在我看来，不止是创业，我们应当对这个世界和生命抱有一种恋爱的态度。现在社会有太多的抱怨，抱怨不公平、抱怨不民主，这些抱怨让社会充斥着戾气，这个社会当然不公平，但是有一样东西对大家都是公平的，那就是时间。普通人一生最多 3 万天，1000 个月，一天 24 小时，你有 8 小时需要睡觉，所以这 8 小时里你需要有一张好的床；你有 8 小时需要解决生理所需，你可能需要有营养的三餐、舒适的马桶和推背感强的好车；还有 8 小时是你与这个大自然交流接触最强烈的 8 小时，可惜你在工作，所以你必须有职业认同和热爱。很多大学生在规划就业或创业时把赚钱摆在了第一位，其实钱再多也不是你的，只是社会委托你创造社会价值。钱是拿来买快乐的，如果我们赚钱的过程不快乐，那你就输在起跑线上了。无论你是否比你的同学张三李四月薪多几倍，你都是亏损的，因为你投进去的是生命，是只有一次的生命，太宝贵了，不值得。

如何真正地和生命谈一场轰轰烈烈的恋爱，我觉得其中最重要的是要保有生命的活力，创业和创新就是最好的途径。之前我经常参加各种学长学姐的经验分享交流会，听到有好多所谓的成功学长学姐给师弟师妹们复盘，描述并归纳出一条标准化的成功之路，比如大一过四六级、大二考雅思托福、大三要当学生会主席、大四要争取保研出国。我们度过了格式化的高中，还要来到格式化的大学，这是一件多么痛苦的事情，甚至有些学长还开始讲自己考研或考托福时看的哪一本红宝书的哪一部分，我看到下面乌泱泱几百名同学埋头认真记录的样子，心里感慨万千。我常常把我们每个人比作小水滴，我们不是江河湖海的小水滴，而是出生在自来水厂的小水滴。出生之日起我们就胆小怕事、战战兢兢，没有自己的形状，被放到一个个容器里，放到圆碗里我们就是圆的，放到方杯里我们就是方的，其实有朝一日，我们一旦不小心被洒了出来，发现滴进土里我们还可以浇灌鲜花，汇入溪流我们还可以奔入大海，被太阳晒干我们还可以变成彩虹，原来我们还可以有这么多活法。

我把闯先生的职责界定为微小星光的守护者。当时闯先生融资的时候，投资人和我说，你哪点都好，就是眼睛里少了一点火，我当时和投资人讲，火终究是会熄灭的，我眼里没有火，但我心里有光。我始终坚信，人是需要一点光的，虽然夜空中只有一个月亮，但铺满夜空的是数之不尽的点点繁星。我们不一定也不可能保证让每一位大学生创业者都建设巨大的星系帝国，我们只是愿意孕育、激发和守护创业者在黑暗修行中迸发的哪怕一丝微弱的人性之光！

魏建仓[①]

放弃舒适生活，做属于自己的创新事业

我是来自深之蓝的魏建仓，我们的主营业务是做水下机器人，我今天跟大家分享的话题是我与我的海洋梦。

首先向大家介绍一下我们公司的基本情况，然后分享我的创业故事，同时也是我在实现梦想的旅程中经历的点点滴滴，希望能给大家在创业之路上带来帮助。

深之蓝是一家专业从事水下机器人研发的高科技企业，公司成立于 2013 年 1 月，位于国内

① 深之蓝海洋设备科技有限公司总经理。

发展最快的高新开发区——滨海新区，注册资金1500万元，公司员工中博士学位以上占35%，硕士学位以上占75%。公司拥有实力雄厚的科研开发团队，核心成员具有十余年水下机器人研发经验。公司围绕海洋资源探测和海洋环境监测两大主题面向社会提供自主水下航行器（AUV）、水下滑翔机（Underwater Glider）以及缆控水下机器人（ROV）等小型水下运动载体的相关技术解决方案和产品。

公司目前已经在该领域诸多关键技术方向实现突破，拥有水下有缆机器人的核心技术、知识产权和相关专利；自主研发并销售与机器人动力系统、控制系统、通信系统、导航系统、测量系统等相关的软件水下推进器、水下摄像机、水下灯、磁耦合密封器、ROV专用控制箱等相关的硬件。同时，公司具有根据客户需求定制专用水下机器人的能力。

在国家海洋强国的战略指引下，深之蓝公司作为国内第一家专业从事全系列水下机器人研发的高科技企业，在成立一年的时间里就崭露头角，凭借公司化运营、团队多年的技术积累以及专业的生产管理经验，公司将在未来的发展中更进一步，致力于成为国内水下机器人行业的领军企业，为我国海洋资源开发和国家安全提供核心装备和保障。

自2013年成立以来，公司获得了诸多荣誉：

2013年4月获创业邦创新中国天津站前五强；

2014年9月获“华鼎智地杯”天津市创新创业大赛团队组二等奖；

2014 年 10 月获首届“盐商杯”中国青年创新创业大赛天津赛区一等奖；

2014 年 11 月获首届“盐商杯”中国青年创新创业大赛全国赛总决赛二等奖，深之蓝获天津开发区 2014 年度科技创新 20 强单位称号；

2015 年 2 月荣登央视《创业英雄》纪录片；

2015 年 11 月获浙江舟山黑马海洋经济大赛最佳团队奖和人才奖。

相信在座的各位每个人手机里都有这样一张图片，它被设为微信的开启页面，名字叫作蓝色弹珠，拍摄于 1972 年 12 月 7 日阿波罗 17 号。我只想跟大家分享几个数字，首先，地球表面 70% 以上的面积被海洋覆盖，但是据官方统计只探索了 3%，这是一个巨大的反差，是一个巨大的、未知的、需要开发的空间，这就是我们创业的基础。其次，我国拥有 18000 公里的大陆海岸线，300 万平方公里的海域，南海海洋国界 9000 公里，通过我国的海洋覆盖数字能说明我们的的确确是一个海洋大国，但是我们是一个海洋强国吗？现在这个问题是需要打一个问号的。好在 2012 年我们的第一艘航母已经下水，而且我们的蛟龙号也取得了惊人的进步，这些成绩给我们带来了很多的惊喜。在这样的前提下，中华民族已经开启了海洋梦，在大环境的感召下，我也开启了我自己的海洋梦。

下面，说回我的创业故事。

认识我的人都觉得我是一个外表憨厚老实的年轻人，其实我却是个想法极多的“不安分子”。离开稳定安逸、人人羡慕的军队，毅然单飞创业成立自己的公司，这是许多人所不能理解的。但是机会总是留给有准备的人，我看准了这个巨大的反差，我相信自己的选择和眼光。当然，实现梦想的过程不是那么轻松，它伴随着艰辛，伴随着努力，更伴随着锲而不舍。在这里，我首先要感谢不畏一切跟随我一起打拼的伙伴们，他们是我的同窗好友、是科技精英、是世界500强的外企白领、是专业的酒店运营经理、是年逾五旬的睿智长者，无关出处、学历、背景，只因为共同的梦想，他们放弃了稳定的工作和丰厚的薪水，与我一起从头开始。

说到创业，首先需要合伙人和投资者。依靠什么去吸引合伙人呢？市场空间要足够的大，这当然是必要的因素，但是我认为对于梦想的共鸣是招来合伙人的最大动力。我们无疑是幸运的，因为我们选择了海洋这个事业，我们遇到了很多同样拥有海洋梦的志同道合的人。深之蓝赢得天使投资的500万元资金只用了10分钟，而我们的第一单客户，已经成为深之蓝福建分公司的合伙人，他想用自己的能力来采购一些高端水下机器人，通过集约化和可控化，真正实现对海洋资源的开发和保护。就是这样一群有梦想的合伙人碰到了一起，加之我们还有一个非常好的团队，有着坚韧不拔的精神，在这个前提下，我们开启了我们的深之蓝之旅，一起去寻找我们的“美人鱼”。

创业本身就是一件非常艰难的事情，水下事业和海洋事业的难度更大。我们怎样去克服这些困难？首先从技术角度简单讲一点，蛟龙号下行到 7000 米时，这种压力环境是需要我们用技术条件来克服的。陆地上可以用 GPS 准确定位，可以用无线电实现有效的通信，这样双向开发就变得容易，但是在水下这一切几乎为零。另外，实验成本极其昂贵，我们的船出去一天需要数十万元，而且像我们这样的民营公司很难搭这样的船，即使是国家单位也是几个月才有一次周期，这导致我们的事业进展速度比较慢，这是创业的大忌。

说到这儿我要讲一些辛酸的故事。2013 年 5 月我们在北京的金海湖开始了第一次野外实验，刚开始实验还很顺利，但是实验不到半个小时水下机器人就被渔网缠住，水深 2.4 米，打捞难度极大，但水里是我们的全部家产，一位熟识水性的团队初创员工冒死将机器人捞了上来。就这样，我们开始了水下实验之路，慢慢从湖走向海。在海上晕船是一个很正常的现象，大部分人都晕。2015 年元旦前后，央视《创业英雄》团队跟我们拍纪录片，他们最喜欢的就是拍我们吐，谁吐得不行了，就对着他的脸拍，所以说这是一个非常辛苦的行业。我们给实验团队投了 1500 万元的保险，因为我们遇到太多次这样的风险，很多时候是被台风追回来的。有一次我们刚上岸台风就到了，但是我们要加快产品迭代的速度，实验是必需的。

除了以上的风险和难度，创业过程中的其他难题我们也都遇到过。作为一个技术出身的团队，在向管理企业转变的过程中，我们遇到了很多的困难，人才、资金、管理、市场等方方面面的问题都要去面对。我们坚持下去的动力就是共同的梦想，虽然困难重重，但是我们精神上是愉悦的。

经过两年多的努力，我们取得了一点点成就。我们设计出了一款最大航速能超过4节，可由一人携带操作，能进入狭窄通道的水下机器人。意外是我们创业的一个源泉，给我们带来很多的惊喜，使我们始终保持着高亢的快感。比如我们在十三陵水库做了一个很成功的案例，在十三陵水库60多米深的地方，有一个闸门十几年总关不上，是库区工作人员的心头大患，我们的机器人下去，顺利地关上了闸门，解决了这个问题。我们有一些机器人能在近海使用，水下滑翔机就是这样一款靠浮力驱动技术完成长航程低能耗的设备，这个特点有一个很大的好处，它能跑一千公里以上，并且能获得这一千公里每一层的海洋断面信息。三七二潜艇遇险时，如果我们的滑翔机游离在南海，能随时把这个数据传回前方，像使用导航地图一样，可以避免误入错误的区位，这是滑翔机的一个用途。下面畅想一下，MH370事件让大家认识了金枪鱼，它跟水下机器人有什么关系呢？我们有四颗卫星就可以完成定位，随着水声通信技术的发展，以及滑翔机技术的成熟，只要在这个海域同时存在四台以上的滑翔机，就能对未知的移动物体准确地完成定位，如果说马航坠落在将来的时间段，不出一个小时，我们就能知道它的位置信息，这样救援将成为可能，这也是对未来的一种可预期的幻想。

刚才提到了蓝鳍金枪鱼，我们可以用它来进行石油管道的探索，还可大量用于养殖场。现在近海都已经被分完，养殖业都向深海进展，很多海参养殖老板都有一两万亩的海域，真正的养殖区域却不到几百亩，他们需要这种廉价的技术手段来解决这个问题。看到这个机遇，深之蓝能做什么？由高大上向最终的实用生活化的解决方案去做，我希望在不久的将来，我们的产品既能进入千家万户，也能为我们国家提供安全保障，还能为我们获取资源。

韩　颖[1]

创建互联网大学，促进“互联网+”发展

我是 VIVA 畅读新媒体的创始人，在过去的20 年里，我也有幸曾经参与创建三家公司。我20 年前创办的第一家公司叫亚信科技，这是一家互联网公司，2000 年3 月，亚信科技成为第一个在纳斯达克上市的中国公司。有很多人知道新浪、搜狐、网易但是不一定知道亚信科技，它是整个中国的互联网建设者，并为中国电信、中国联通、中国移动建设用户计费系统。电信运营商计费系统就是对家里用的宽带，我们的每一个电

① VIVA 畅读新媒体的创始人。

话、每一个短信、每一个上网流量的计算，系统处理量非常大，还不能出错。一旦出错，用户就不干了。每个月，电信公司会给你发出一个账单，这个账单的后台系统的开发和维护就是亚信科技。所以当2000年在纳斯达克上市的时候，这家公司也算是咱们中国IT和互联网企业的一个骄傲。1999年我有幸创办第二家公司，叫中国网通，现在已经改成了中国联通，我们从1994年开始创业，一直到1999年我们建设了全中国的互联网，但是大家知道那时候的互联网是窄带的互联网，窄带互联网只能做两件事情，一件是浏览网页，另一件是收发邮件。1999年中国网通开始建设和运营宽带互联网，所以中国宽带产业始于中国网通。第三次创业就是从2008年到现在的VIVA畅读新媒体。VIVA畅读新媒体现在是中国新媒体市场上前六大手机阅读客户端之一。

2015年在博鳌论坛上我主持“互联网+”论坛，我说了一个提法，中国的互联网发展有三个阶段。1994~1999年，这5年时间是中国互联网起步的时间，网络的特点就是窄带的，代表性企业是亚信、新浪、搜狐和网易；1999~2009年是中国宽带发展的10年，创造了一大批有影响力的互联网企业，最有代表性的就BAT；从2009年开始，中国的互联网开启了第三次浪潮，核心就是移动互联网。这一次浪潮中创新创客这样的事情一下子在中国热火朝天，2009年是一个非常重要的始点。2009年中国的三家电信运营商有了3G的网络，有了3G的运营牌照，更重要的是在那一年移动终端发生了翻天覆地的变化，那个时候苹果手机、安卓手机等智能手机进入了我们的生活。以前的互联网是基于PC的互联网的，而移动互联网，核心是手机。手机设备成为我们生活中的空气和水，是我们生活的基础设施，是我们的口眼耳鼻喉，心肝脾胃肾，成为我们身上的一个零件，你每一天少不了它，这样的时代给创业带来了非常好的前景，非常大的空间。

互联网的基本商业模式是从网上到网上，但是到第三个时期我们发现，互联网已经不只是从网上到网上，而是从网上到网下，从网下到网上，就是我们大家所说的"互联网+"。我本人更愿意叫它"+互联网"，或者叫产业互联网；互联网不是万能的。人类发展到现在，有三大技术是最重要的：第一个技术是蒸汽技术，现在的工业文明都是因为蒸汽机技术，它延伸了我们的体力；第二个技术就是互联网，互联网极大地延伸了我们的感知；第三个是人工智能，人工智能极大地延展了我们的大脑，如果这个技术再有一个更大的突破和发展的话，人类的生活就会进入一个全新的领域，大家也看到了很多智能化的终端和设备，无人机、机器人、大数据、自动驾驶、智慧城市、智能家电等等。我们现在正处在第二个技术阶段，一个激动人心的大好时期。在互联网创业的过程中，我也想跟大家分享一下三次创业的体会。我第三次创业的公司是移动新媒体。我们现在正在打造一个平台，使传统的报纸、杂志，包括音视频，快速转型到新媒体这样一个平台上来。其实没有谁可以有这个本事说我可以指导别人去创业。创业是一种冲动，创业是满足一个社会的需求，就是说这个需求可能在现在没有，或者有但还不够好，或者是说有也做得很好，它还没有被细分，没有满足垂直类型用户的需求，你做出来了，满足了这个社会需求，这就是创业。如果你选择一个创业方向、一个项目，而没有满足一个需求的话，这个创业本身就不成立，所以创业一定是满足了人们生活中的一个需求。在苹果手机出来之前，诺基亚手机非常棒，我曾经用过 9 款诺基亚手机，最后一个结束在 N95，所以我当时觉得诺基亚是最了不起的一家公司，诺基亚的手机打电话发短信都是一流的，但上网不方便，屏幕太小，不能充分发挥手机客户端的功效。后来你会发现人们对手机有了新的需求。随着移动互联网的大发展，人们不仅仅满足在打电话和发短信这种基本的功能上，人们要上网，这个时候苹果手机和安卓手机等智能手机的出现就恰恰满足了这样一个需求。你会发现手机还可以这样，用手一滑一点，各种应用就瞬间启动，不像过去功能手机那样转啊转啊，好半天才启动起来，所以整个移动互联网和终端设备是这样发展起来的。

我们再讲“互联网 +”，为什么我更赞成叫“ + 互联网”或者产业互联网呢？比如你现在是一个传统产业，如果你希望通过互联网的手段延伸到整个互联网去，这个时候你获胜的机会会更大。现在有两家非常著名的公司，一个是优步，另一个是 Airbnb（空中食宿），它们整合了酒店和交通行业，发现了一个新的需求，发现了一个新的方向，把互联网技术和传统产业结合在一起。纯粹的互联网公司要去整合线下的资源，而线下的业务恰恰是互联网公司不熟悉的领域，整合来整合去，不得要领。做好“互联网 +”或者产业互联网的关键在于互联网的基因移植，而基因移植的核心是人。2015 年我在博鳌论坛主持“互联网 +”的时候，我把优步和 Airbnb 这两个公司请来给大家分享“互联网 +”的经验，它们的经验就充分证明了这一点。再比如华为，大家知道华为是做电信设备的，是做 B2B（企业对企业）业务的，它的 B2B 业务销售是最棒的。《狼图腾》这本书就是在说华为的大客户销售，华为的销售在全国的市场是最优秀的，但它并没有做过 B2C（商对客电子商务模式）的产品，也不熟悉 B2C 的模式。从 2014 年开始，华为新出了一款手机叫 Mate7，这款产品出来之后，改写了中国手机市场的新格局。现在中国市场上，过去第一名的是三星或苹果，后面还有中兴、联想、酷派、魅族、小米等其他一些手机制造商，但从 2014 年开始，华为已经占据市场第一位，2014 年华为手机的出货量是 8000 万部。这是一个非常棒的基因移植成功的案例，华为从 B2B 的业务转变成做 B2C 手机的个人业务，基因移植非常成功。后来我看了华为的产品介绍材料和宣传片，华为 Mate7 和 P8 手机产品团队在上海，主创人员是一个长头发男生，就像摇滚歌星一样，华为的文化包容了他，华为曾经四年没有做出优秀的手机，但是在第五年的时候把手机做成功了，登上了市场冠军的宝座。所以对于传统行业来说，在今天这样一个移动互联网的大时代，需要真正地去了解互联网，真正地把互联网的基因踏踏实实地移植到你的企业里，未来的希望是非常大的。

今天很多大学生在场，我也想讲一讲我对大学生创业的理解。我不是特别赞成大学生创业，因为大学生创业的成功概率不高，大家可能会说比尔·盖茨大学没毕业就去创业，这些例子都不足以学，还是我刚才讲的，你是不是真的看到了一个实实在在的需求，而且这种需求折磨着你。创业跟谈恋爱是一样的，如果你不是真的像有一个女朋友一样的朝思暮想，就不要创业。这个时候大学生可以选择跟随创业，因为你的心智，你的承受能力都不够强。创业不只是为了创业，创业还是一种责任，因为从创业的第一天开始，你就意味着要找人、养人，你要为人负责任、为钱负责任、为社会负责任。所以大学生在这个年龄段是不是有了足够的心理准备还不明确。从这点来讲，我觉得其实在今天互联网的创业大潮之下，大学生创业选择应该相对理智，我倒赞成大学生到创业公司里去工作，去跟随创业、观察创业，看看创业者怎么经历创业发展的历程，这个经历对自己未来创业的成功是非常关键的。所以我理解的李克强总理提出的大众创业、万众创新，也不是让每个人都去当老板，跟随创业也是创业，也是很有眼光的一个选择，也是大众创业、万众创新的一部分。未来 30 年中国将处在一个前所未有的大好时期，是最适合创业的时期。

我最后再分享一个话题，2015 年博鳌论坛的时候，我曾经有一个首倡建议，我首倡创立第一所中国的互联网大学。这个互联网大学也包括了创业和创新。2015 年毕业的大学生和研究生有 700 万，其中大概有 200 万人不能就业。这几年我们也看到，互联网企业其实对人才的需求量是非常非常大的，北京的互联网公司之间人才的流失和争抢也是非常激烈的；在人才市场，猎头生意特别好，猎头生意好的时候，一定是互联网的人才，或者说是创业人才稀缺的时候。现在普通的高等学校培养的人才离市场的需求，离"互联网+"和"+互联网"的需求还有很大距离。一方面大学毕业生有相当一部分找不到工作，另一方面又有相当多的互联网企业找不到合适的人，这就是差距。

刚刚毕业的大学生很难马上为企业创造价值，真正能为企业创造价值也是在两年以后。不能马上适应工作是企业需求与教育之间的一个很大的差距，这个差距带来了企业资源和人力资源的浪费。所以我在这里再次倡议成立一所我们中国的互联网大学，就做一件事情，在现有大学的基础之上，针对即将毕业的大学生、研究生，让一线互联网企业里最优秀的产品经理、技术总监、市场经理给他们授课，直接培训第一线的技能和经验，缩短大学生和研究生甚至是博士生和企业最新需求的差距，这样我们中国企业与创业和创新成功的距离就会更近了。

第三章

奋斗成就梦想，再续“双创”传奇

卓长立[①]

责任、爱心、激情、执着

大家好！我叫卓长立，“卓”是“卓越”的“卓”；“长”是“长久”的“长”；“立”是“站立”的“立”，我做得不一定卓越，但老天爷还是希望我长立不倒，一直努力向前，一直奔跑。另外我还有一个名字叫“阳光大姃”，做的是家政服务，也是我的第二次创业。

我对创业创新的体会有八个字：责任、爱心、激情、执着。我第一次创业是在20世纪90年代，当时我是一名纺织女工，国企改革，企业

① 济南阳光大姐。

突然破产，对我们来说犹如晴天霹雳。“铁饭碗”没有了，人生一度迷茫、困惑，生活也失去了方向。我这个人不服输，认为人生不能就这样下去。经过艰难的抉择，在家人不理解、社会对个体经营还存在偏见的状况下，1990 年时我毅然地选择了创业，承包了当时濒临倒闭的宾馆。没有任何背景，没有专业知识，凭着执着苦干，我在宾馆服务行业一干就是 12 年。12 年的风雨磨炼了我的意志，更使我积累了一定的管理经验。把严格管理与热情服务有机结合，把有效降低成本与提高客房入住率有机统一。经过不懈努力，宾馆逐渐步入了良性发展轨道，由 1 家发展到 6 家，安置下岗职工 100 余人，我获得“再就业和创业明星”、省市劳动模范、“全国五一劳动奖章”、“全国巾帼创业带头人”等多项荣誉，逐步过上了衣食无忧的生活，当时我还不到 40 岁。物质生活虽然富裕了，但我的人生就这样下去吗？正在这个时期，国企改革热潮依然向前推进，大批下岗失业人员涌入社会，济南市妇联主动担负起安置下岗职工的责任，创办阳光大姐。我也曾是一名下岗女工，也希望帮助更多的姐妹就业，让自己的人生更有意义。

2003 年，济南市妇联为让创办两年的家政服务机构阳光大姐实现市场化运营，在全市范围内寻找经营负责人，最终选定我接手阳光大姐。进入阳光大姐后，我发现家政服务是一个新兴行业，它与人们的生活息息相关，非常有做头。当然，阳光大姐的创业之路也并不是一帆风顺的，尤其是刚接手时，公司亏损，账面上只有十几万元并且还是服务员的工资，需要做的工作非常多，要想发展壮大十分困难。但我这个人有个特点，越是困难的事越能激发我的斗志，认准的事不干出点模样绝不放手。为了不给自己留后路，我把原有的宾馆工作转交他人，全身心地投入到家政行业，一干就是12年。

阳光大姐的服务员中很多都来自外地农村，培训后没地方住，我就把她们全部免费安排到自家宾馆，济南周边农村的家政服务员出来培训不方便，我就开着自己的车一个个挨家挨户接送。在业务中常常因为用户对10元钱的服务费不理解而苦口婆心地讲解大半天，当时我每月的工资只有360元，而自己的宾馆每天的现金收入可以达到几千元。面对这么大的反差，我也犹豫过，值不值？但是，每当我看到一批批下岗职工、农民工以及大学生通过阳光大姐获得了就业技能、转变了观念、改善了生活，用户家庭也因为有了阳光大姐从而生活质量得到提高，我对自己说：选择阳光大姐，值！

在创业路上，用户和社会的理解与信任也一直激励着我。记得有一天上午，两位40多岁的男同志来到公司办公室，一进门扑通一声就给我跪下了，泣不成声地哭了起来，当时就把我弄蒙了。我赶快询问情况，原来这是位用户，他们弟兄俩请了阳光大姐的家政服务员王红英照顾他们患胰腺癌晚期的母亲，他俩一个在深圳，一个在美国，工作都非常优秀，但无法在老人身边尽孝。王红英24小时陪伴老人，精心护理。在400多个日夜里，她从未睡过一个囫囵觉。老人临终前拉着王红英的手说：“你比我的亲生孩子待我都好，你就是我的亲闺女啊！”老人出殡时，她的两个儿子哭着跪倒在王红英面前，发自肺腑地表达了他们最深切的谢意！老人走了，王红英也病倒了，她无法接受老人离去的事实。如今，老人的老伴仍然用着阳光大姐的服务员，她说："我这辈子都离不开阳光大姐了。"

这样的故事还有很多很多，正是有了这种精神动力，坚定了我在家政这条道路上走下去的决心，成为我创业创新的动力，也让我深刻意识到家政服务对于家庭和社会的重要意义。2013 年 11 月 27 日，习近平总书记在济南视察时看望了阳光大姐服务员并做出重要指示："家政服务大有可为，要坚持诚信为本，提高职业化水平，做到与人方便、自己方便。"

经过 12 年的发展，家政服务员队伍从我刚接手的 40 人，发展到现在的近 5 万人，连锁机构 160 家，公司年收入也从当初的几十万元增长到 2 亿元。2015 年李克强总理的《政府工作报告》中首次提出"家政"，并将家政与养老、健康作为"培训新消费增长点的重要内容"，让我们激动不已，由此家政行业迎来了发展的春天。但是我们也清醒地看到家政行业要走的路还很长，我又感到肩上的责任很重，需要我们一代甚至几代人为行业的发展付出努力，我将依然走在创业的路上。

我很喜欢看《西游记》，小的时候经常会想，唐僧师徒四人经历了"九九八十一难"到西天取经，这个"经"究竟是什么？随着年龄的增长以及自己的创业经历，我体会到了，这个"经"更重要的是为了达到目标，历经各种磨难后自己的成长、能力的提高、境界的提升。在这个过程中我们经历着酸甜苦辣、品味着人生，我想这可能就是创业带给我们的快乐吧。

家政服务看似简单，没有什么技术含量，但要想做好还真不容易。我们服务的对象有干部、教师、医生、律师、企业老板等，每个人性格不同、家庭环境各异。我们的服务员则大多来自下岗职工、农民工，属于亟须社会救助的困难群体，而且服务员中农村人员比重逐年增加，文化程度、思想观念、生活习惯与用户家庭有着巨大的差距。同时，家政行业刚刚起步，存在缺乏法律、法规、标准，服务人员没有保障、流失率高、社会地位低等问题。

面对这样的实际情况，企业要发展，要赢得用户认可，要提高服务员综合技能，唯一的出路就是不断地创新。

通过实践，我认为“只要用心，创新无处不在”。家政服务是劳动密集型行业，核心是人。培养人是最难的事情，“十年树木，百年树人”。但我们的工作就是要把“保姆变成人才”。我们对公司管理人员提出了要求：成为魔术师。要能够在较短的时间内使服务员从思想观念到服务技能有个质的变化。

为此，在家政服务员的培养上，我们采取了一系列的创新举措。四五十岁的下岗职工、农村妇女不愿学习，我们就引导她们从家政服务岗前培训开始，逐步到提升培训，形成阶梯式、系列化的模式；农村服务员不善于书本学习，我们就采取“理论培训+实训操作+案例分析+专家指导”相结合的方式，手把手地教她们学礼仪、学技能；为了提高服务员学习的积极性，我们推出“双证”上岗（即服务员进家服务需要具备阳光大姐培训学校的合格证和人社部门颁发的职业资格证书）制度，推行了服务员“星级制”，设置八个级别，并将星级与工资挂钩，为服务员的职业生涯提供了发展空间。我们还建立了行业内首家“首席技师工作站”，从具有多年服务经验的家政服务员中培养出200多名具备授课能力的“家政专业指导师”。

经过多年的努力，阳光大姐已有5万余名服务员取得职业资格证书，6000余人成为高技能人才，近30人成为首席技师、突出贡献技师、杰出技术能手，享受政府津贴。

从迷茫自卑、缺乏技能的下岗职工、农村妇女成长为自信阳光、用户信赖的家政专家，是不断创新实现了“保姆向人才的转变”。

很多人都认为“家政服务”与“标准化”是毫不相关的两件事。包括很多标准化专家都认为，家政服务无法标准化。但是，通过我们的实践，让家政服务实现了标准化，我们感觉这是一个最大的创新。

实行标准化前，经常是用户认为服务员干的活少，服务员认为已经做了很多，用户不满意，服务员委屈，纠纷不断。我们认真分析了其中的缘由，缺乏用户、服务员、服务企业三方都认可的标准是关键，于是阳光大姐不断创新管理。

经过一系列的探索实践，2007年阳光大姐成为国家级和省级服务业标准化试点单位。逐步搭建起家政服务标准体系，为做饭、打扫卫生、照顾老人、护理婴儿等家政服务项目的每一个环节都制定了流程标准，把业务管理的每个过程也用标准来规范。截至目前，制定各类企业标准812项，并起草制定了9项山东省地方标准和5项国家标准。阳光大姐也成为国家级服务业标准化示范单位和示范项目，承担起全国家政服务标准化技术委员会秘书处工作。

标准化让用户清楚了各项服务的职责范围，服务员也不用为得不到用户理解而烦恼。投诉明显减少，服务满意度大幅提高。阳光大姐的服务员队伍也日益稳步增长。全国各地的家政企业纷纷学习我们的标准化经验。

创新需要顺应时代变革、需要与时俱进、需要观念更新。当前“互联网+”改变着人们的生活方式。作为企业的负责人我必须不断更新观念、认清时代发展趋势、带领企业借势发展。2014年互联网来势凶猛，给人们的感觉是互联网将无所不能，所有的产业都将依附于互联网。产生了58到家、阿姨帮、阿姨来了、云家政等家政APP，BAT（百度、阿里巴巴、腾讯公司三大巨头首字母缩写）以及房地产大佬也纷纷涉足家政行业，让我感到困惑、迷茫。

随着对互联网的深入了解以及现实的例证，我对互联网有了新的理解与认识，对家政服务与互联网的关系也越来越清晰。只有做好家政企业内部的信息管理系统，做好线下服务的提供才能真正实现家政服务的O2O。为融入“互联网+”，2014年起我们进一步强化升级了内部管理系统，开发出阳光大姐APP，开通了微信、微博，2015年又成立了山东阳光大姐全家服网络科技有限公司，推出了具备预订功能的“阳光大姐全家服”，顺应了年轻消费者的需求，也让用户和家政服务员感受到阳光大姐是一个具有时代感的企业。

每一次时代的变革，都会带来机遇。“新常态要有新思路”，我们正在家政职业培训、基金运作、集聚示范、产业推广等方面不断创新，探索建立更多的发展模式，开创家政行业的新时代。

在这里，有几点创业创新体会与大家分享：

第一，创业创新需要“责任+爱心”的理念与行动；

第二，创业创新需要“激情+执着”的精神与坚持；

第三，创业创新需要“头顶政策、脚踩市场、腰抓管理”的系统思维。

今天，我们应该感谢党和国家营造的“大众创业，万众创新”的良好环境和发展空间。

随着“互联网+”的不断推进以及老龄化社会的到来，家政服务将会迎来巨大的发展空间，如果您想创业创新、想不断突破自我，欢迎加入我们的团队，阳光大姐将为创业者们提供广阔的创业创新舞台。让我们一起携手，在阳光下奔跑，将“阳光”洒进千家万户！

朱　涛[①]

常怀感恩心，方能创大业

政和科技主要从事科技服务业和创新创业服务业，用“互联网+”的模式做科技服务和创新创业服务。公司自2008年成立至今，已经累计服务了山东省超过30%的高新技术企业，济南的吉利汽车就是我们服务的客户。

到2015年，政和科技已成功走出山东，迈向全国，现已发展成为山东省规模最大、综合能力最强的科技服务机构。我们有信心3年之后把前缀的“山东”改为“全国”。我们更自信的是

① 政和科技股份有限公司董事长。

所有创客，将来或多或少、或迟或早都会用到政和科技线上或线下的服务。

我分享的内容是有关创业梦的，但这个创业梦不光是我自己的创业梦，也事关在座各位创客的创业梦，也是中华民族伟大复兴的中国梦。我从一篇日记开始我的分享。

小时候家里比较穷，经常吃不饱饭，我们老家的规矩是一天只吃两顿饭，上大学后才开始吃三顿。记得我上高二的时候，有一天傍晚，爸爸骑着一辆很破旧的自行车来学校给我送东西。那辆自行车确实很破，破到什么程度呢？除了铃铛不响之外，其他什么地方都响。爸爸那天穿的也很寒酸，当时穿了两条裤子，里面的裤子还露出了裤腿，屁股有一圈一圈的"同心圆"——打了很多层的补丁。我现在想起来，还有酸酸的感觉，但当时我忍住了，没有当着爸爸的面哭。爸爸走了以后，我用 20 分钟写了一篇日记，日记的名字就叫《感谢爸爸》。高中的时候，我们每个月都要把日记交给老师作为读书笔记检查，后来在不知情的情况下，老师把我的日记抄下来贴在了学校橱窗里。后来那篇日记又在报纸上发表了，还被很多报纸和杂志转载过。

讲到这里，大家可能觉得和创业没有多大关系，但是后来我真正创业的种子，就是在写那篇日记的时候种下的。前段时间我看到一篇文章，说是马云在联想集团整体上市的庆典上高度赞扬了柳传志先生。马云讲道，"一个优秀的企业家，一定要做到脑心体的结合，一个优秀企业家必须具备脑力、心力、体力三个方面的素质"。这个大家要注意，"脑心体"里面并没有提到钱，不管将来创业还是成为优秀的企业家，实际上资金基础并不是那么重要。我为什么要感谢爸爸呢？脑也好、心也好、体也好，我觉得爸爸赋予我的非常非常好，不管是先天的还是后天的。特别是我曾经有这么一点苦难的经历，现在想想都是非常宝贵的财富，所以我没有理由不感谢爸爸。

我创业这么多年的感触是一个创业者如果有一颗感恩的心，总会离成功更近。这也源于我真实的体会。当年我大学毕业后有一个很好的机会，可以去青岛市委组织部上班，但是我放弃了。我2000年大学毕业，当时公务员还不用考试，青岛市委组织部的领导一再争取我过去，争取我的原因竟然是看到我简历中附的那篇《感谢爸爸》的日记。后来我还有很多次很好的机会，也和这篇日记有关系，很多领导说“起码你是一个经历过苦难、懂得感恩的人”，他们敢放心大胆地把很多机会和重要的任务交给我。懂得感恩，会有很多意想不到的收获，有些收获你连想都没有想到，但是它就到来了。创业者，特别是公司的一把手，有一个基本的素质就叫感恩，因为你懂得感恩就很少埋怨，特别是当一把手的不能埋怨。如果一把手埋怨，所有的员工、下属也都跟着埋怨，整个团队就成了一帮怨妇了，除了浪费时间，没有任何价值。但是你懂得感恩的话，客户的刁难、环境的不公……一切的苦难都是我们将来成功的磨刀石，你感恩它就可以了。有一颗感恩的心，你总会离成功越来越近。

讲到现在的大学生创业，很多人反对大学生创业，但我是极力支持的。刚才讲到脑心体，大学生脑力、体力都是人生中最好的时候。你的心力，就是你抗挫折、抗压的能力，靠什么来造就呢？创业会比打工更快一点，即使失败了又如何呢？我们还年轻，还可以从头再来。我觉得我们山东人应该有山东人的精气神，有山东人的激情，并且释放自己的激情，感染身边的人。特别是年轻的创客们，我希望你们能够把自己的激情释放出来，并且很长久地延续下去，这些都是未来事业成功、人生成功的基础。再有一点，我要说到贫穷大学生创业。贫穷大学生在创业时可能会说我不是“富二代”、不是“官二代”，没有基础和资源。我倒觉得那就更要创业了，你反正已经很穷了，还会怎么样？我上大学的时候就很大方，有一天我打工赚了180多块钱，第二天我请朋友吃饭就花了200多，虽然当时自己也很穷。但为什么还这么做呢？我觉得反正自己已经很穷了，无所谓，大不了再穷回去。再就是，贫困大学生创业有一个让“富二代”“官二代”羡慕嫉妒恨的先天条件，那就是你起码有一个白手起家的机会。“富二代”“官二代”想证明自己有白手起家的能力，但他们没有这个机会。我希望大学生要积极创业，而且不仅有想法，还要马上行动起来。如果激情只有三分钟的话，你一生都不会成功。

在大学我组织过一个活动，这个活动给了我非常非常多的感悟，我今天也想和大家分享一下。我上大二的时候成为民选的班长，我觉得既然大家信任我，我就得做出点事来，不能辜负大家。我就一直在想着组织一个活动，后来偶然一个机会看到《济南时报》的一则消息，说济南盲校孩子缺少学习用纸，让济南市民捐献旧挂历。盲文可能大家不知道，是不同的孔的不同排列，盲校的孩子主要靠触觉来读写，所以盲文纸一般比较厚。这么厚的专用盲文纸价格很贵，所以经常用旧挂历纸代替。但是哪有这么多挂历呢？就算很多家庭里面有旧挂历，也不可能送到那么远的盲校去（确实很远，从山东大学过去一趟需要倒三次公交车）。所以我们就组织了一个活动，让全班同学在学校家属院募集旧挂历，半天时间，我们募集的旧挂历就够盲校学生用半年的了。说到这儿，大家觉得好像受益的是盲校的学生，其实受益最大的是我们同学，是我自己，为什么这么说呢？活动结束以后，《济南时报》很快给我们发了一篇很长的报道，还是在国庆节当天的报纸上，这对山东大学来说是很好的宣传。接着，我们班级成为当年省级优秀班级，我本人也被评为省级优秀班干部。这些都是次要的，重要的是我们班的同学通过这次活动接受了很深刻的心灵洗礼。同学们去的时候一路嘻嘻哈哈的，回来的时候竟然没有人说话。因为我们真的被震撼了，那些孩子虽然身体残疾，但是他们依然那么热情、那么快乐、那么积极、那么努力、那么阳光地面对生活。我们作为大学生，该怎么面对生活呢？这个问题我们都反思了很长时间，这对我们每一个人都是一次很重要的人生洗礼。不过，收获最大的还是我自己。通过这个活动，我有了一个非常深刻的感悟，这个感悟就叫资源整合。作为一个企业家，核心的使命就是要做好资源整合。什么叫资源整合呢？我的理解就是把很多家庭看似垃圾的那些旧挂历，整合一下交到盲校就能产生很大的作用和价值。我们在社会上也能做很多这样的资源整合，我后来做资源整合都上瘾了，我还做了一次跨界的资源整合。有一个东方夏威夷的俱乐部发传单招聘学生，每个人发一天给几十块钱。我后来就把这个工作承担下来了，因为我们收集挂历时也需要印传单，他有传单，我们也有传单，就一面印上他们的招聘广告，一面印上我们的募捐广告。我跟他说你不用发到街上了，那个效果很差，你给我赞助费，我挨家挨户给你发到小区里面去。

现在很多颠覆性的商业模式，都是由跨界的资源整合实现的，所以我们后来做了很多公益与市场的结合，免费与收费的结合。我们设计的很多商业模式，结果能让羊毛出在猪身上，这个过程中谁也没有失去什么，但却能各取所需。

我的创业方向叫“互联网 + 科技服务”，为什么选择这个行业呢？无非就两点，第一是市场空间无比巨大；第二是这个行业还没有品牌，特别是没有知名品牌。2014 年上半年，国务院出台的两个文件明确提出“到 2020 年，科技服务业要达到 8 万亿的规模”。但是要做好这个工作，需要很多创新，我们确实做了很多创新的工作，包含技术上的创新、商业模式上的创新和管理上的创新等等。在激励机制方面，我们也做了一个小的创新，我们公司有一个“员工安居工程”——来公司工作满两年的员工，可以向公司申请不超过 20 万的无息借款用于买房，这样就解决了很多刚毕业学生买房难的问题。我们还有期权期股计划、商业模式的风险逆转，这些模式完全实现了市场信任。我们在创业孵化、平台建设上都有很多创新。平台要有技术创新的支持，要有数据的积累，要有大数据的概念，这些数据之间要能互动，而且必须是良性的、便捷的、高效的互动，这样才可以称为平台。我们现在正着力打造一个“企业社交平台”，目前已经建设了很多区域的平台和行业的平台。这个平台不仅是科技服务业的平台，我们的梦想是要把它打造成最大的生产服务业的平台。我们这么多年取得了很好的发展，在成就了别人的同时也成就了自己，我们未来会成就更多创新创业者，成就更多的创客，同时，我们也在间接地成就中国的创新创业大业。

最后，衷心祝愿所有的创客都能到达成功的彼岸，这样我们中华民族伟大复兴的中国梦就一定会早日实现。

杜洪慧[①]

创新创业任我行

我是青岛新视界网络有限公司的杜洪慧，也是千千万万创业大学生中的一分子。大学生创业普遍缺资金，缺人脉，但我们大学生在什么都没有的情况下，就不能创业了吗？白手起家有那么难吗？俞敏洪曾经说过，创业不需要有钱，只需要想着赚钱，敢想敢做才是创业的第一步。最开始创业时我们在半地下的出租屋里，没有阳光，非常潮湿。我们三个人的想法很简单，只要我们每个月能接到三到四单，我们就能过得比打工者

① “华仁杯”BEST 计划大赛的冠军，青岛新视界网络有限公司副总经理。

强，在这种信念的支撑下，我们每天通过打电话找客户，因为那时候刚毕业，没有人脉，没有资源，每天最多的一件事就是打电话，“喂，你好，我们是青岛新视界网络有限公司的，请问您需要做网站吗？”“不需要。”自认为很简单的事情，却总是遭到客户的拒绝。客户的打击导致团队士气相当低落。这样一个月以后，我们居然一单都没有接到，我们开始有点慌了，我也在想创业的打算是不是有些草率，虽然大学里面组织过学生包车也做过培训班，但是真正毕业了要创业，我们应该做什么？何去何从成了摆在面前的大抉择。

这段时间我接到了妈妈打来的一通电话。电话那头，妈妈兴高采烈地跟我讲，“闺女，这个月有6个人在我这里投保呢，你不知道呀，当时他们都不太信任我，我就一趟一趟去给他们介绍……”我在想，当初妈妈考保险资格从业证的时候是零电脑基础，一个农村妇女，不知道怎么开关机连鼠标怎么点都不知道，甚至不知道网页可以翻页，就这样考了三次才拿到资格证。我比我妈妈年轻，为什么我不能坚持呢？当天晚上，我们三个人开了个会，确定了我们主要目标是提高电话营销水平。第二天早晨，我们就从网上找各种免费的营销课程，看得最多的是刘一秒老师的课程，他怎么讲的，他这么表达有什么意义，我们站在客户的角度和他沟通。“你好，请问是某某玻璃公司吗？”我说第一句话的时候客户不会挂我电话了，我说：“我在百度上搜索玻璃产品的时候，搜到咱们同行，但是我没看到咱家的网站，您作为企业的负责人，肯定不希望订单被同行抢走，我们可以帮您做网站建设和优化，您明天有时间吗？我去当面跟您聊一下可以吗？”就这样一边学习一边实践，第二个月里面我们接了两个订单，这样我们的自信心也有了，对创业的想法也坚定了。有单子做当然是好事，可是之后发生了一件事让我记忆犹新。

当时我们接了一个两万元的培训系统开发项目，赶紧签了合同。但是实际做的过程中，客户的要求非常细致，但是合同中并没有过多的项目细则。本来要两个月完成的项目，我们做了4个月都没有完成，导致客户非常生气。最后客户到我们住的地方拿走了我们的电脑。除了后怕，更多的是懊悔，为什么我们谈的时候没有落实好细节呢。有了这次教训，再和客户沟通及签订合同的时候就会落实细节。

我一直坚信这样一句话，一面镜子你对它笑，它就会对你笑，你对它哭它就会对你哭，乐观的姑娘运气不会太差。发展了一年时间，我们算是活了下来，这里我不得不提及我的团队，因为我们当初三个人创业，我们三个分工很明确，一个负责技术，一个负责业务，一个是业务兼技术，我们的业务是一个不怎么会说漂亮话，但是比较有韧性的人，客户打电话拒绝他了，他能继续回访，挽回了不少客户。面谈的时候，客户觉得他很踏实，会放心把订单交给他做。我们技术负责人高为广兢兢业业，他从来不抱怨自己加班时间最长，也从来不抱怨自己的工资比别人低，现在一直是我们公司的技术负责人。所以，我很感谢一起并肩作战的伙伴。

一年多的时间里我们也积累了100多个客户，其中有一个客户知道我们在出租屋办公的情况给我们推荐了青岛市大学生孵化中心。我当时想有这么好的地方吗？然后打了电话，发了资料，根据要求进行了项目的答辩，最后成功入驻了孵化中心。孵化中心给我们提供一年免费的办公场地，我们用省下来的费用聘请了两名业务和技术，公司开始步入正轨。我们有了新的同事和场地，出去谈事的时候腰杆更直了，也能邀请客户到公司来。单一利润从2万元提高到8万元左右。除此之外，孵化中心还给我们提供了多样的课程培训，比如营销课程和财务课程等。学习之后才意识到公司重要的是商业模式，我们公司只是单纯的服务外包，没有核心价值，未来怎么办？所以在“互联网+”的时代号召下，结合大学四年包车的经验，以及现在社会私家车过多导致交通拥堵，同时节假日老乡返乡或者旅游的频率不断提高，新视界自行研发的“任我行”拼车平台应运而生。2014年6月，青岛人社局举办了首届华人杯创业大赛，我带着这个项目从团队PK到营销环节再到路演最后获得了冠军，也获得了导师对这个项目的认可，因此更加坚定了我对公司的改变和创新是正确的。同时，比赛过后，我们获得了华仁集团10万元的启动资金，也获得了青岛和周边媒体的广泛关注，新视界网络从一个名不见经传的小公司开始迈入大众的眼界。

说到人脉，其实我们刚创业的时候真的没有什么资源，所有的客户都是靠电话打出来的。截至目前，我们已经积累了500多个企事业的客户，通过自己的优质服务，客户会给我们介绍其他客户，我们也会认识更多的朋友，获得更多的信息来源。2015

年3月，我们成功加入了北大创业训练营，有幸认识了拉卡拉的总裁孙总、腾讯副总马总、北大教授曹老师，第一次跟大咖面对面交流，不仅开阔了自己的眼界，也更加坚定了选择互联网行业的想法，也开始关注这个行业近期以及未来的一个发展方向。曾经有个记者问过我，怎么看待女性创业者，我说女性的柔加上创业者的刚，刚柔并进，才能成就一个了不起的企业家。在孵化中心举办的一次座谈会上，我认识了一个叫玫瑰联盟的组织，玫瑰联盟是青岛一批创业女企业家自发的公益性的联盟，让我很惊奇的是联盟里的成员除了把公司经营得风生水起之外，每个人活得也非常精彩，而且多才多艺。联盟里的主席知道我创业的情况，给我配备了相关的导师；我说我不太懂营销，孙总就给我提供了营销的课程；我说公司人越来越多，我不懂管理，然后高燕燕高总给我提供了辅导。同时也是朋友介绍，2015年5月，青岛新视界成功签约腾讯，我们新成立了支付推广营销部门，负责支付线上线下活动的推广，以及地区服务商的招商，同时新视界自主研发了收款软件，也实现了移动支付，在短短的一年时间里，实现了从单纯的服务外包到技术与营销相结合，最后发展成自由平台的阶段。我觉得创业路上我们一直在成长，我想跟大家分享的是，创业不是你什么都有了你才去做，而是你做的过程中不断提高，你到了一定阶段以后，你会获得这个阶段应该有的资源。

最后，祝愿正在创业的以及打算创业的所有的伙伴们创业成功。

江红阳[①]

创新要实践，实践出真知

我是山东华春新能源有限公司的江红阳，从小父母给我起名叫红阳，就想让我像旭日初升的太阳一样有一番作为，能为社会有所贡献。也许是命运的安排，我卖起了太阳能，而且成了太阳能专业户。我之所以能做到现在，与创业密不可分，我所理解的创业是只要你想到了，然后去做了，做的这个事能对得起国家、对得起社会、对得起自己，就是最有意义的创业。

我的创业可以说是逼出来的，我的高考成绩

① 山东华春新能源有限公司总经理。

是 321 分，我估计能考这个分数的也“为数不多”，被安徽一所职业技术学院补录后，与大三学哥分到同一宿舍。当时，他已经在安徽知名太阳能企业做业务员。后来，跟他聊天时，我萌生了和他一起创业的想法：给人家打工，不如我们自己干一番事业，我俩一拍即合，决定创业。

创业之初，一没有产品，二没有销售渠道。我们在城里找到一家知名太阳能专卖店，拿了一张宣传页，找到了一个广告公司，将宣传页改成自己产品的名字，花了 1200 元印刷了 1 万份太阳能宣传彩页。前期我交了 600 元定金，当广告公司通知取宣传彩页时，我的同伴以没有 600 元钱支付为理由选择退出，我又瞒着家里要了 600 元，把宣传彩页带回学校。当时还在上学，没有过多时间跑业务，宣传彩页放在了宿舍里睡大觉。我在考虑，如果我选择放弃，1200 元就白花了。当时，农村太阳能普及率很低，会有很大的市场。同时这个机会有可能改变我的命运，就这样，我决定试一把。

利用“五一”假期，我回到山东去了临沂、泰安等太阳能生产基地考察，看到生产太阳能的厂家生意十分红火，觉得太阳能很有市场。回到家里告诉老爸：“我决定不去上学了。”老爸说：“咱农村的孩子不好好上学，能干什么？”我说：“我要卖太阳能。”老爸不同意。假期后，我没有再去学校，老爸最终妥协了：给了我三万块钱和家里唯一的长安牌面包车，开始了我的创业之路。当时，山东太阳能发展得比较早，安徽太阳能普及率相对较低，我决定去离家最近的安徽淮北创业。

在去安徽淮北的高速路上，我很迷茫，拿出地图后决定在就近的丁里出口开始。下了高速就是丁里镇集市，找到了一个卖铝合金同时又卖知名太阳能的店铺，找到老板，开始推销。当时，我拿出一部分样品，但这位老板并不接受。我就帮着他干活，学习安装。三天后，这位老板说：“你这个小伙很实在，这样吧，你先发上 30 台，如果货和你说的相符，我就要；如果不一样，你就拉回去。”他一说这话，我异常兴奋，抓紧从泰安、临沂定制了太阳能管、水箱、支架。发到了这个老板的手里，老板看到货后很是高兴。马上将货款全额给我。我这一单赚了一万两千多元钱。这让我更坚定了创业的信心和决心。

就这样，用半年时间在安徽的淮北、淮南，河南的商丘一带，发展客户 56 家。用了一到两年时间，积累了二三百万元的资金，这也是我后来创建公司的第一桶金。

通过第一桶金的经验我认为手里没钱不可怕，关键在于敢干与坚持，这样创业才可能有希望。

2009 年初，太阳能市场很火爆，随着化石能源的不断减少及环境污染，下一步太阳能市场一定会向工程领域转变，仅靠贴牌加工不能争取到更优质的客户，必须要有自己的工厂。经过多方面考虑，我决定组建自己的工厂。建厂没一两千万元的资金根本不够，后来，我找到了做煤炭生意的亲戚，商量合作建厂。起初，我怎么做工作，他都不愿意投资。后来，我把他请到山东一个知名的太阳能企业参观。当看到生产车间异常繁忙后他当即决定建厂。

创业最难搞的就是资金。想要得到资金上的支持，就要多动脑子、多想办法。要学会整合资源，借力打力，想尽一切办法整合资金。

2009 年 10 月，山东华春新能源有限公司成立。2010 年 7 月，车间生产出了第一台华春太阳能。至此，有了自己的生产车间，我的创业路也步入了正轨。

当然，创业初期，我深深体会到，除了个人创业的执着、思维灵活外，还需要培养一个忠诚度高、执行率高的团队。

我记得有一个学生问过我，你这个团队是怎么组建的？我就告诉他，创业初期，由于诸多资源不成熟，不可能有很多能人来帮助你。我就找一些志同道合、有干劲、有想法的年轻人，组成自己的团队。目前，团队中有 80% 的人都是创业初期跟着我干的人，已经成为公司的中流砥柱。

说到定位，同样有人会问，以后你想把太阳能干多大？我说要干成全球最大的太阳能集热系统供应商，如果你定位成山东知名的太阳能企业，有可能只能做到兖州当地品牌，如果我定位到全球，有可能会做成国内名牌，我当时就这么想的，结果我们现在做到了全国 30 强。

企业要发展，要去抓机会，2011 年，家电下乡进行得如火如荼，我当时想一定要入围，当时中国太阳能公司有 5000 多家，如果要脱颖而出，必须有品牌拉动力。经过不懈努力我们成功入围全国家电下乡，入围全国节能产品惠民工程，拿下山东名牌，进入山东省集热系统补贴目录，到 2014 年在山东市场大型太阳能集热系统方面，我们已经做到了第一。

企业发展一定要整合一切可以整合的资源，我们目前有代理商340多名，这些代理商有做建材的、有做家电的、有做房地产的等等，就这样建立了我们的销售渠道。同时要跨界整合，我们是行业内第一家和开发商直接合作的，开创了一个新的模式，这样可以减少中间环节。目前和我们合作的开发商就有70多个，包括现在的工业太阳能应用，我们也是首家。所以说整合渠道非常重要。

说到创业，离不开创新，其实我感觉创业和创新就跟亲兄弟一样，是相互的。2013年我在金乡做了一个壁挂式太阳能项目，水温不高，天天有电话投诉。我们发现，这个产品的水平就这样，综合利用率低，后来我找到了经验丰富的安装人员，我们把其他产品运行原理用到这里面，跨界整合了一下资源，就这样我们生产出一款温度能升高20%的壁挂式太阳能，并命名为高温变频系列。如果全国都用我们这项产品，能最大限度地减少煤炭及电的使用，保护环境。

在太阳能集热系统应用创新方面，我们不光满足于基本的洗浴要求，而且通过换热形式解决了太阳能饮用水问题，包括现在和工业应用相结合，化工、食品加工都在用我们的太阳能，所以说我们已经把太阳能系统应用做到了极致。

我总结一点，创新一定要实践，实践不但出真理，还能生产出真正适合市场的产品，目前创新在华春已经成为一种制度，可以这么说，就是打扫卫生的师傅，只要在公司发现问题，提出合理建议，我就奖励他500元。生产人员、安装人员、经销商、送货服务商都在创新，所以我们拥多项核心技术，专利几十个。

我大学上了七个月，虽然未取得毕业证，而且我的学籍也被注销了，但是我认为，少走弯路最好的途径就是回归课本找答案。我学的专业是市场营销，上课时老师讲商标时举例说，凤凰牌自行车、同仁堂药店等被国外企业抢注商标，造成难以估量的损失。受此启发，上学期间我注册了第一个商标。当时注册商标需要三年才可取得注册证，由于无注册商标经验，商标出问题了，与内蒙古一家企业近似，最后我打了三年官司，终于通过合法途径取得了商标注册证。所以说如果你要创业，我建议你必须有个商标，这个非常关键。

市场营销的专业知识里有个4P（产品、价值、渠道、促销），当时老师说到4P，我还在想，P有这么重要吗？后来在企业运作过程中发现，4P就是每个企业都要经历的过程，如果当时学好专业知识，能少走好多弯路。在随后查阅市场营销书时，发现企业在运作过程中很多解决不了的问题，课本上都有答案，企业经营过程中，弯路就是钱，现在我死心塌地地相信，少走弯路最好的途径就是回归课本找答案。

企业的发展离不开政府强有力的支持，现在大众创业、万众创新正在全国进行得如火如荼，创业者赶上了好时代，我认为这是最好的创业季。

我非常喜欢《我爱你中国》这首歌，每当听到歌声唱响，我都会发自内心地流下热泪，我感觉到中华民族上下五千年历经了太多磨难、崎岖，个人的成长也是如此，所以我们要热爱祖国，感恩祖国。

最后我认为只要你敢干、坚持、努力，当你回过头来再看，你的人生会更有意义、更精彩。

第四章

创客聚力美丽中国梦

陶　闯[1]

天使投资与创业创新

我是一个创业者，我今天讲的话题是从投资角度，怎么看待创业。我曾提出过一个概念叫“天使投资走合伙模式”。很多地方不知道该如何介绍我，我的工作有时候是跨界的，有多重身份。我的第一份工作是大学教授，34 岁拿到加拿大国家首席教授，那个时候还比较年轻，按照中国的说法是开始下海，创办第一家互联网公司，2005 年，当时公司被微软看中，第一个就是比尔·盖茨，全资收购了我的公司，这是我第

① 知卓资本董事长。

一次创业，在大家眼里面第一次遇到贵人，也是第一次创业成功。

我在微软这个全球最大的 IT 公司工作了 5 年。2009 年再次创业。从 2014 年开始，我开始投资领域，应该说联席创业者来看天使投资，现在谈得最多的就是马云上市时的天使投资人，其中一个重要人物就是大名鼎鼎的日本首富孙正义，如果当时没有孙正义的美元，不可能出现阿里巴巴。我的第一桶金是比尔·盖茨给我的。第二桶金是孙正义给我的。我有幸与孙正义共事 4 年，当时我们有 4 个董事会。我们的成长是和这些天使贵人联系一起的，做互联网的信奉一句话，“有钱不一定能够成功，但是有钱基本上可以成功”。孙正义是企业家中的资本家，资本家中的企业家。

2005 年拿到第一桶金的时候我参加了天使投资，10 年后，自己做天使投资，投过无数的项目，发展经历是一条曲线，天使投资最上游最顶端的事情，大家现在称为天使投资，风险最高，当然从概率来说回报价值最高，回报和风险是大致呈比例的关系。现在看到很多投资人在宣扬，自己投了 200 多家公司，没有一家垮掉，做天使投资成功概率基本上就是大于等于 50%。敢于做天使的风险投资人，都是承担着风险的。为什么叫天使呢？是因为投资人敢于做从 0 到 1 的事情，而这个事情成功率也是 0 到 1。

我们今天谈到创新创业，100 个企业可能只有 10 个企业有机会，10 个企业中，可能还只有 1% 才有机会。中国有 4000 万家企业注册，概率是万分之一。

我们看看中国和美国的天使投资的差别，就中国而言，2014年开始，国内天使投资持续活跃，达到60亿元规模，而在美国，将近30万人做天使投资，硅谷有7万天使投资人，占美国总数的1/3，中国真正拿钱出来的不到3000人。不要看“双创”很热，但是跟美国的差距更大。天使投资最难的就是投资的时候像谈恋爱，今天投资时感觉好兴奋，都兴奋得不得了，但是一个企业也许要经过好几条“死亡之路”。在美国天使投资的死亡率有多少？是80%。中国有多少家电商企业？有几千家，能够活下来的只有几家，所以说，天使投资有巨大的风险。

到底怎样把创业者和投资者结合起来呢？从投资的角度来说，宁做锦上添花，不做雪中送炭，但是我们创业者最需要的就是雪中送炭，如何做创业者合伙人，这是有天使投资经验的人才能做的事情。新的概念和创业者是对一家企业很重要的环节，成功的创业者，或者有经验的创业者，去做天使投资时，他们给创业者提供的不是钱，而是资源和模式。最难的就是能够找到真正的天使。

大家可能知道，我们最近发起了一个天使人投资联盟“海天会”，10月30日开始我们把上海的天使和企业创业家联系一起，请来一些具体的成功创业者，让他们来管理风险基金，并用市场的眼光判断，由我来做CEO。在我眼里面，市场上的很多企业行为到底是创业还是投机？我认为80%不是创业。真正能够顶住创业的压力的人很少，尤其是连续创业者更难，我们看得多了，可以看得出来你到底是在创业，还是不断地改变PPT忽悠投资人的钱。

很多大学生出来创业。我到我的大学，看到一些找不到工作、成绩不好，胆子大的学生也出来创业了，租一间办公室来炒股票，这个我们是绝对反对的，一定要有优秀的天使投资人，要搞清楚到底是在创业还是在投机，才可以实施。这样我给他提供了资金以后，才可以放心。我会用各种方法资源帮助他成功。上海有大量可以投资成功的项目，给投资人带来的价值不用说了，我们在上海的天使投资比较分散，如果把这群天使投资人和企业家团聚一起，我们投资的企业一定会有更强的爆发力。当然创业者不用多说了，拿到500万人民币的，有杨澜、李亦非，如果你能够找到这些资源，是用钱买不到的。这就是我们“海天会”的一个使命，聚集我们天使投资的力量，聚集社会的资源，来推动我们天使的发展。

天使投资人，包括腾讯的前CEO，当然也包括我，还有成功的企业家，包括于刚，这些都是连续创业者，还有一些企业家，他们想合作一起帮助上海天使投资的发展。用社会的资源，真正去降低我们刚才说的风险，想要这么多创业者降低风险，真正走到最后非常不容易，连续创业过，我自己觉得比较麻烦，马云也经历过，腾讯也是，现在这些企业站起来了，在这个过程中，就是天使给了他机会。

最后，我们想号召全社会的天使投资人，鼓励创业，打击投机。但是有一条，不要以结果论英雄，我们享受创业的过程，这些创业者走过来以后，我们最欣赏的是他们有那种激情，有那种精神，即使失败又有什么关系。

何志毅[①]

创业是个专业，需要教育

我的第一个职务应该是新华都商学院理事长，当然这个职位名不见经传。第二个职务是北京大学教授、博士生导师。我重点想说新华都商学院是中国创业创新专业教育品牌，借用某位部委发言人的话就是，不管你信不信，反正我信。

第一，新华都商学院是福建新华都慈善基金会陈先生捐资 10 亿元，在福州的唯一公办大学里成立的一个二级学院，叫闽江学院。因为福州市政府不能再办福州大学了，它是省属的大学。

① 新华都商学院理事长，北京大学教授、博士生导师。

习近平主席曾在福建工作了17年，兼任这个大学校长6年半时间，应该说这是自新中国成立以来最高领导人担任一个国民教育系列的校长唯一的一个。

第二，这个学校是一个二级学院，采取了新的体制，理事会领导下的院长负责制，理事长是我，院长是哥伦比亚大学诺贝尔奖获得者埃德蒙·费尔普斯（Edmund S. Phelps），他是《大繁荣：大众创新如何带来国家繁荣》（中信出版社，2013）一书的作者，新华都商院学院当费尔普斯获得中华人民共和国友谊奖的时候，他把这本书送给李总理。李总理说我看过你的书，他把这本书的英文原版送给了总理夫人。

第三，新华都商学院已经培养了6届本科生，创业专业硕士，大家倒过来讲是MBA（工商管理硕士，创业与创新方向），懂教育的人都知道中国今天没有创业与创新学科，没有创业与创新专业，如果有这个专业，父母会问他读了以后干什么去，去哪里就业。但美国20世纪80年代就有。我们调查过全世界100所最好的商学院，里面有六十几个设立了创业与创新专业学历学位教育，我们也准备立即培养创业DBA（经营管理学博士），所以我们从创业的本科、MBA、EMBA（高级管理人员工商管理硕士）至DBA，准备一线打通，而且我们是2012年国务院唯一批准的创业专业硕士，但由于国家没有这个学位，所以用了MBA（创业与创新方向）的学历。

第四，这几年我们在实地办学，在网络化、全球化的时代，我们的后花园是福州，盖了2.8万平方米的办学机构，获得了中国最高建筑奖——鲁班奖，我们在北京的盘古大观租了房子，在上海刚刚搬进创业园，在瑞士建立了海外分院，这是中国商学院第一个“走出去”的，我们已经开始和苏黎世大学——全球排名第六的大学开展双硕士的文凭教育，我们知道这是很难的，我们是一个新的商业学院，像苏黎世大学（爱因斯坦任教的大学）愿意和我们培养双学历硕士，这是很不容易的。

下面我想讲两个观点：

第一，创业创新是国际的主流学科，创业创新是中国的主要需求之一。刚才说主流学科，我论证了全球100个商学院里面已经有六十多所大学有本科、硕士、博士教育，之所以它是主流需求，在李克强总理把注册门槛降低改成申报制之前，我们号称有1100万个中小企业，3300万家个体户，1200万个网店店主，这些加起来有多少？是4000万~5000万创业者。有没有适合他们的创业教育产品呢？没有。就像过去有一个故事，讲的是一个人到了一个岛上，看到岛上的人全都不穿鞋，他不明白当地人到底是不穿鞋还是没有合适他穿的鞋呢？我们认为是没有适合他穿的鞋。总理号召大众创业、万众创新，搞出小微企业的概念，我们说中国中小微企业约有4000万，这个数字是不会有很大的误差的。截至目前，在国家级高新园区里新注册的企业就有17万家，这是相当大的市场，但是没有合适的产品。我们到国外去考察，有的学校说我招创业者或者创业硕士有“三不”原则：高分不要，循规蹈矩不要，找工作的不要。

第二，创业者教育绝对不是书面教育，我们摸索出“金木水火土”的培养体系，且这个模式已经实践三年。我们对创业者的教育是终身的、全方位的，要实现的是创业共同体。我们要服务学生一辈子，因为职业经理人回去以后，有他母公司领导的企业文化和组织的关怀，而创业者是一辈子孤独的，且创业者有可能是连续创业的，所以他的母校应该支持他，除了精神上的帮助，还必须有实际行动。

我们讲新的方法是要用创业共同体，以一个创业教育机构为核心，终身服务学生。当然我们还有很多创新的举措，这几年也有一些试错，但要创新就会有风险，走一条创新之路一定要试错，有些试错会成为宝贵的财富。

我们的目标是10年内打造一所具有中国内涵的、定位在创业创新方面的世界一流商学院。我跟我一位外国朋友讲不要以为中华民族是不善于创新的民族。我举个例子，“苟日新、日日新”被刻在商汤王的洗澡盆上，并不是说每天身体洗澡要洗干净，而是思想上要创新，中国历史上有无数的创新，所以我们才能走过五千年的历史，成为四大文明古国里面唯一不灭的民族，所以今天我们正处在大好的时代，让我们共同创业创新。

汪素南[①]

积小善而臻大成

我来自浦发银行小企业中心，是小企业金融的员工，我想和大家就三个基本问题分享三个观点。

科技金融最核心的问题是什么

一个科技公司的建立，从银行业务来看首先需要的是开户结算，办理存款。开户结算，各家银行求之不得，供大于求。办理结算，各家银行也欢迎，尤其现在网银、手机银行的普及，不到

① 浦发银行总行零售业务总监。

网点就可以办理业务，并且大部分手续费都已经免了，也是供大于求。那核心的问题是什么呢？是融资和增信，其实增信的本质也是获得融资和融资价值并存，科技企业融资分为两类：股权融资和债权融资。我们认为主要分四个阶段，第一个阶段天使投资，PE（私募股权基金）、VC（风险投资基金）的投资，银行、券商的投资，现阶段因为越来越互相接近，互相磨合，尤其我们银行现在已经跟 PE 站在一条线上，有的时候讲科技金融约等于"投带联动"。目前"投带联动"有两个法律问题需要解决，其中之一就是银行可以持有的股权，按照现在的法律问题我们银行不可以持有股权。现在是股权可以直接转让，按法律要求，可以先行权后转让，例如有一个股权委托给一家公司持有，但行权的时候，需要两个亿的时候，让一家小公司两个亿的资金从哪里来？他当时的认购权是 5 块钱，现在 10 块钱了，直接这 5 块钱他占了就行了，非得要先行控股了，这两个是需要解决的。

企业除了融资之外还需要提高信用，政府的推荐、补贴就是能给企业增信，担保公司的担保直接给企业增信，科技金融的核心问题是融资，这个问题的解决需要六个重启，三个股权融资、两个增信、一个债券公司，这些环节相互配合来解决"投带联动"的问题。

什么样的科技公司最需要融资

根据我们和市场打交道的经验，大型的科技公司，不需要银行太多的融资，有的公司是不缺钱的，有成熟技术的中型公司，也不缺银行资金，想进去的银行很多，真正需要的是小型初创的科技企业，因此浦发银行搞了一个千人千户工程。我们对两个方面做了调整，一是从科技金融调整为科创金融，虽然是一字之差，但站位靠前了，主要是服务初创期和成长型企业。二是从以前对单一的企业法人授信，调整为对企业和创业人都授信的模式。全国各地各省市都有千人计划，我们针对千人计划中的个人、专家，为其提供授信。目前浦发银行在全国培育的千人千户入户企业已经超过 3000 万。举两个例子，一个例子是支持一家消防设备的制造企业，核心成员是从欧盟回来很容易创业的，主要是生产消费者背在身上的呼吸装置，小小的呼吸装置，却很有讲究，戴在帽子那里三口气、两口气一吹，背在后面的氧气罐可以面临更加恶劣的环境，做这个装置如果做不好，氧气很容易燃烧爆炸。最近他们在搞新三板的上市。另外一个例子是一家做液压装置的企业，他的核心创业团队是从德国回来的几位博士后，液压装置用途非常广泛，三一重工用的核心的液压装置都是要提前 18 个月预订，这个团队之后就做这件事情。浦发银行从 300 万元档到 500 万 ~ 1000 万元档均给予支持，目前这家企业已经分解为两家企业，我们对一家支持 50 万元，对另一家支持模式设备，用于码头监控。码头需要很多的消防设备，要时刻监控是不是有人搞破坏，有人来盗窃。浦发银行，就这样踏踏实实培育这样的企业，我们觉得心里很高兴。

要分清主次关系

一个孩子学习成绩不行，父母要请一对一的家教，参加各种补习班，但孩子成绩就是上不去。因为成绩要提高，最主要是靠孩子自身，而不是靠钱。今天的科技金融，市场上不缺钱，缺的是好项目。科创金融，金融支持是一个问题，但不是主要问题，主要是科技人才在哪里，核心技术在哪里，要解决人才问题，关键是我们的教育体系。中国一亿个年轻人以全世界最刻苦的方式在进行支持，但我们原创东西太少了，我们要做好自身的支持工作。

另外，在科创金融方面大家都很热衷“互联网+”带来的商业模式，因为成长得快，2015 年 VC、PE 很大程度上投入了 O2O（Online To Offline）、P2P，美国的新能源、页岩气技术直接导致了美国的能源独立，所以我想说的是千万不要因为互联网业务的发展蒙住了我们创新的眼睛，积小善增大成，是我们浦发银行中小企业的一个宗旨。

Avi（Avichai）Cohen①

创新从灵感启蒙

我们公司是从一家非常小的企业发展到现在的规模，在联合国以及其他国家都有业务，我简单介绍一下我们公司的情况。

我们的公司一开始有150名员工，现在我们为全球60多个国家提供业务，我们公司主营蜂窝移动多信道捆绑业务，大家可以想象一下，我们在进行现场直播时，直播区域的周围都会停着很多电视转播车，都是大型的，但现在我们就把它缩小到一个无线的小盒子里，大大降低其体

① LiveU 首席运营官、共同创始人。

积，来为我们客户实现更加及时准确的通信，同时也可以降低很多成本。

我们的想法缘何而生？我和我的一个合作伙伴，也是一家电视台的经理，去看球赛的时候发现如果要做球赛的现场直播，周围会停着很多大型的转播车，如果观众想在家里看一场球赛直播，可能要通过很多这样的设备实现转播，既然现在3G网络这么发达，为什么不把3G技术运用到这样的视频转播中来，同时我们着手解决了分辨率和高清技术的问题，这样就可以通过高清网络技术带给大家更多的便利。

如何能把我们一开始的概念落实到产品中呢？首先，就像很多中国企业一样我们也需要找到投资人，找到投资人之后我们用了两年多的时间把产品的原型做出来，进行不断的研发，最后生产出产品。其次，找到首个客户，也是非常重要的事情，我们知道美国最大的国家广播电视台NBC（美国全国广播公司），所以我们把NBC当作首个客户，因为它经常报道诸如美国总统奥巴马，从纽约到华盛顿等一系列大型的新闻，NBC电视台就曾运用过我们的技术。

在我们成功拿到第一个客户——美国最大的国家广播电视台NBC之后，我们想接下来会面临的问题是什么。3年前我跟朋友在非洲爬乞力马扎罗山的时候，我想到其实我们做的每一个事业，都是需要勇攀高峰，永无止境的，可能每翻过一个山头，都需要很大的勇气和力量。想到我们公司应该怎样开展下一步的业务，如何扩大我们的营业额，扩大我们的服务范围，所以我们在全球各地寻找我们的合作伙伴，包括在北京、上海等地，现在和中国的20多个城市都有合作，包括与上海的SMG（上海东方传媒集团有限公司）都有了新的合作，我们也是把我们的业务进一步地推进。

我们现在已经与很多国家上层客户建立了关系，包括一些国家的电视台，我们也吸引到了很多风投，接下来就是把公司朝更进一步的方向发展。现在公司主要重视的是视频内容传播的一些国际技术演变，由于我们这样的新技术，现在传统的媒体界也发生了巨大的变化，过去主要依靠广播电视等媒体，现在越来越多的互联网技术以及新技术使得媒体以及传播渠道发生了很大的转变，现在很多传统的国家电视台，如NBC，过去可能靠《国家地理》就能吸引很多的观众，但现在越来越多的网络视频提供方，他们可能也在竞争一些市场份额，在抢一些生意，现在我们新技术产品就可以推动传统产业的变革，改变一些传统的方式。

因为现在市场上的竞争态势已经发生了极大的转变，传统媒体越来越被流媒体替代，现在传统媒体也需要转变其原有的观念，要想我们如何创造一些新的内容，能给我们的观众带去更多的新的体验。同时作为LiveU公司也要想下一步注重哪些方面的创新，当然我们现在通过跟NBC等电视台的合作，收益是相当可观的，这些预算足够我们的生意再做十年，当然我们不能仅仅满足于此，我们希望未来的十年间取得更大的进步。所以现在我们着眼于其他内容的创建，如现在的流媒体会提供很多年轻人服务，这些年轻人已经不习惯用电视或电脑看视频了，他们开始使用手机、iPad 这样的移动端去看视频，我们要想到如何能把这个视频传递给他们，用更小的界面去看。方方面面都需要我们有一些创新的意识，我们应该从现在开始着眼到未来很多年以后的想法，而不仅仅是止步于现在。

金　颖[①]

孵化助推创业创新

张江高科技园区建园20年来已形成比较完整的创新创业链，业已形成技术创新、人才创业的高地。我们认为孵化器对于创新创业来讲是非常重要的，因为我们认为它是培育创新创业企业的摇篮，是培育创业人才的基地，是培育产业集群的重要载体，也是推动自主创新体系建设的核心要素之一。

所以，在张江，孵化器不是二房东，而是推动创新创业的重要力量。张江的孵化器建设是由

① 上海市张江高科技园区管委会副主任。

张江创业服务中心在服务统筹推进的，我们的原则非常明确，也就是说，通过我们的一项服务，帮助在张江创新创业的科技类中小型企业，能够降低成本，提高成功率。

经过多年的探索和实践，张江的孵化器也形成了一些特色。

第一个特色是国际化，我们和以色列合作成立中区科技创新中心，也和美国、德国、芬兰成立合作孵化器，我们大力引进亚马逊等一些国际知名的众创机构，学习它们先进的孵化理念，提高我们自己的孵化水平。

另外，我们鼓励园区的孵化器“走出去”，目前太湖咖啡已经在以色列、美国的硅谷、德国、韩国等地设立众创机构，我们园区里面的 IC 咖啡也在国外设点，园区企业寻找海外的布局。我们促进园区的企业能够尽快融入全新创新网络，能够形成技术—项目—人才—资本的一条国际链。

第二个特色是专业化，张江的产业优势是非常明显的，所以我们围绕这个优势产业在信息技术、集成电路、工业医药等各个方面大力推进孵化器的建设，尤其在生物医药类的孵化器，因为生物医药企业在研发过程当中，研发投入是十分巨大的。所以，我们对生物医药类的孵化器的专业设备有特殊的支持。目前在张江专业孵化器里面，浦东软件园等这些都集聚了很高的人力。

第三个特色是互助化，我们一直推崇科创性的创新。我们鼓励园区里面的跨国公司，根据其产业链类别组建联合孵化器。鼓励其开创实验室，促进大企业和小企业之间进行技术研发的合作，协同创新。我们还邀请了一些成功的企业家和知名的天使投资人组成导师团队，对我们的企业进行创业帮扶，我们投入了大量的精力。因为我们的目的就是创造一个资源共享、要素流动、良性循环的创新创业环境。

另外，我们还在探索，包括网络孵化以及云，或者是叫作大数据孵化的新孵化模式。目前我们园区里面已经认定的孵化器有37家，孵化的面积达到40万平方米。累计孵化的企业超过2000家，可以这么说，孵化器支撑我们园区科技创新，孵化科技企业方面已经发挥了重要的作用。

鉴于孵化器的重要性，我们在各个方面对孵化器和孵化企业给予了支持和指导。除此之外，我们还推动一些项目，包括在中区、地铁站附近打造创新产业的建设。

我们不断完善自己的服务功能，简化流程，为企业提供线上线下多元服务。我们打造天使基金，为企业尽可能低成本地进行融资。

张江孵化器是一个麻雀虽小但五脏俱全的创新创业系统，我们今后会不断加强孵化器建设，使资金流、人才流更加通畅，创造更好的创新创业环境。

徐　晨[1]

与其更好不如不同

改变现状有两种方法，一种就是往前走，即所谓的创新。另一种就是回到过去，即复古。改变市场就是用这种方式，你对现在的方式不满意，很多时候我们就是打着创新的旗号做着复古的事，什么意思呢？包括流行的“互联网＋”，很多时候企业就是做着传统的业务。

从整个创业环境中来看，我们每年接触到的企业，创新和炒概念的企业占的比例都不少，到底原因是什么？是什么造成这种现象？的确非常

① 戈壁资本合伙人。

多的人在做同样的事，周围一些跟随者为什么选择加入？这是值得思考的。

有一个比喻，是说我们的感觉往往是和事实情况相反的，大家觉得现在的天气很冷，当这个时间过了以后，地球逐渐变冷，这给创业者一个非常重要的提醒，有很多事情已经过去，只是你不知道。这一点是很让人惭愧的。投资者每次进行市场调节时是一如既往的，创业者数量很多，这个时候要考虑一点，有智慧的人害怕原因，没有智慧的人害怕的是结局。什么意思呢？真正聪明的人考虑出去创业的原因是什么，而多数人关注结果。当你关心结果的时候，作为一个创新者，要看到这个事情的原因是什么，而不是结果是什么，或者现状是什么。

有一个特别好看的电影叫《明日世界》，机器人制造出非常大的装置，全世界的人觉得地球要毁灭了，这是什么意思呢？我们现在所处的社会，给了我们选择自己喜欢的东西的机会，在这个时代，认证自己的念头，做所谓的创新时，会想一想，如果不是站在你自己的位置，而是站在其他的位置，就会得到不一样的结论。因为站在我们自己的位置所得到的信息，所得到的关于一切的结论，往往是放大后的。

就创新本身而言，没有和科技相关的，技术的革新并不是随着创新来的，互联网改变了很多事情，却也并不是创新的唯一途径。创新和创业是两回事，是完全不同的概念。

在某一件事情上，因为共同的创新，也会有交集，抛开一些模式，去理解别人的创新，这才是有希望的。为什么大家今天聚在这里，很大的原因就是想听很多创业者的意见。知道方法论的同志可能理解这个意思，评估—学习—再建设—再学习。现在流行各种各样的创业，这是非常无聊的事情，如果有一个模式告诉你到底是什么样子的，其实也就不是创新了。进入标准化的过程中，肯定就是标准化的了，不是创新了。创新是一种精神，一种智慧，一种所谓的追求结合在一起。所以在方向感明确的情况下，方法是比较重要的。作为一个创新者要意识到活在自己的梦里面，还是活在别人的梦里面。活在别人梦里面的时候，在自然情况下会出现，但是因为你活在别人的梦里面，会无法理解，无法解决，如果是进入自己的梦里面，会找到相应的方法。

举两个例子，大家如果仔细地观察这个行业，就会发现这个行业最大的创新其实是没有创新的，行业本身颠覆的是什么呢？其创新更多在于没有颠覆传统行业，创造新的需求，现在的公司、现在的做法都是雷同，所以大家可以看到为什么最近并购很多，阿里巴巴其实投资很多公司，其实在类似创新并不明显的情况下，你会发现即便看似做完全不同的业务，但这些业务大公司其实都可以做。

在国内有一个非常热门的打车平台——滴滴打车（现更名为滴滴出行），对其发展存在的言论，一种观点认为，滴滴代表着未来，虽然是完全模仿谷歌的模式，但从创新本身来说，的确创造了一种维度，滴滴把本来匮乏的社会资源整合起来，原来是出租车拒载，会先问乘客去哪儿。现在乘客可以挑车了，滴滴从出租车这件事情告诉大家另一种可能性，从一个业务模式上颠覆了在中国存在的“打车难”状况。现在最成功的打车平台还是滴滴，其他几家基本上属于小而美的公司，做得也很特别。

所以，很多时候我觉得创新不在于你到底花费多少精力建一个 APP，把原来的产业链结构重新调整，更多地在于有没有因为这件事情，你把自己定位在不同的档次。创新不需要做得更好，但是你要做得和别人不一样，这才是创新的真谛。

孙一桉[①]

创新本身可以作为产业经营

很多情况下，科技创新自身也需要变革，需要颠覆，传统的创新模式逐渐转化为产业化的、更系统的模式，在这方面我们做了一些简单的探索。

首先就是价格方面，传统的创新企业模式先是建立谋求自我的颠覆，其实成功率相当低，有很特别的原因，我们发现如果把研究院基金支持结构调整到顶层，由其孵化和控制创新企业，随着技术的创新才更有持久性，有很多成功的企

① 溢思得瑞国际创新创业集团董事长。

业，无论是历史上的企业还是传统企业。我们做了很多探索，自己的业务也有所发展。

我自己在投资的医院工作过，困难很多，这种模式值得参考。谋求资源的重新整合，在投资前和投资后，常常都会出现这样的一种关系，其实它们是互惠互利的一种形式。怎样才能实现这一点呢？我们做了些尝试，把科创研究院、资金、咨询，通过合伙的方式组合在一起，建立了一个全球化的研究院，现在有10个实验室，200多个技术合伙人，建立一个体系，对于创业者来说持续地寻找自己，对于投资方来说有很大的风险，今天我们在文化创意领域做了一些尝试，把资产和资源做一些众筹，希望能够和谐互动。

传统的合伙人一般是几个人作为雇主，大多数人以雇佣的形式存在，我们觉得这种形式还不够，我们把不同行业、不同领域的人组建在一起，今天律师事务所、会计事务所这样的机制，一方面解决了技术和资本之间的矛盾关系；另一方面也提高了研发的主动性，也便于我们在很多领域做一些拓展。

在技术里最大的问题就是解决技术风险，我们觉得应该让专业的人做专业的事，站在创业者和研发人员的角度，在研究院的机制下解决这个风险，我们依赖合伙制，参与的投资，有透明状，以市场为导向这样的一个创新。基本上我们在研究院内进行一到两年的孵化，由研究院承担这个风险，最近两年孵化的项目成功率还是比较高的，也给了我们一个机会，创造了比较大规模的创新，而不是受限于一些资源的创新。

基金方面，大多数的风险投资基金都是比较广泛的，希望有10%的成功率，这样社会资源浪费比较严重，而且有时候也给投资者信息带来很大的影响。这种捕猎式的或者猎人式的风险投资，我们认为逐渐转变为一种更完善的运营模式，我们是将研究院资金咨询有效结合，我们觉得叫牧场式的运营更合适，而不是出去打猎。

这样的探索也给了我们机会，在我们看来目前在创新行业，创新本身可以作为一种产业经营，特别是在国内，科创企业如果能够实现有效地把创新创业作为生产线，从研究院产生项目，加速基金、产业基金，逐步地落地，我们认为这个成功机会比较大，目前这个探索走得比较成功。

风险控制一向是投资者最关注的一点，投资者基金进去的第一天就考虑退出，对于可以承担不同的投资者，可以在不同的时间进行退出，包括IPO（首次公开募股），也包括并购和重组。这样的机制，如果放在全球化的视野机会更大。解决了很多人才引进的障碍，全世界3个国家12个城市建立了不同的产学研基地。利用国家的优势互补，利用不同国家的产业周期不同。能够实现有效离岸孵化，购买海外的技术，成功率和可靠率都高很多。这种模式经过两年多的探索，在西雅图、洛杉矶都建立了基地。每个地方我们都建立研究院、基金和咨询，进行全球化的孵化和创新。经过两年多的探索，我们都越来越有信心，我们建立了一个针对海外进行投资的俱乐部，在多个城市建立投资论坛，举办创业大赛，并且把加拿大、美国的创新机构和创新团体带到中国来，2015 年 11 月，广东、上海和南京、杭州主办第二届中国之旅，我们也会示范一些创业学院模式。总之，希望跟大家有更多的探讨，也希望大家都能获奖。

第五章

培育“双创”新基地

王　坚[①]

互联网为“双创”提供重要平台

我和大家分享自己的三个理解：第一，用我自己经历的一些事情和大家分享一下“双创”在中国的热度；第二，也是与我自身的经历有关的，就是“双创”在今天的中国，有多好的发展条件；第三，想和大家分享一下，“双创”这件事情在中国为大家创造了多大的未来。

第一，是热情。可以容纳2万多人的著名的云栖小镇国际会展中心，是用85天盖起来的。我觉得85天能把这个大展馆盖起来，实际上是

① 阿里巴巴集团首席技术官。

我们享受了过去30多年改革开放的成就，是一件非常了不起的事情。但是我觉得更了不起的是两件小事。第一件小事是，当这栋楼落成的时候，这栋楼的设计师跑到我这里来，送给我他自己亲手设计的衣服，他说，这是他设计过的作品里，第一个，也是唯一的一个建筑，建出来的效果比设计图要好。所以大家知道，这不是一个速度的问题，而是一个人的热情和投入、完成质量的问题。我觉得这是世界的改变，我相信当时深圳的楼盖起来的时候，那个设计师并没有跑过去和他们讲，这是我设计的一个唯一的建筑，它出来的效果比设计图要好。我觉得这是今天不一样的地方。第二件小事是，会议结束的时候，有人告诉我，有一位东北来的年轻人，自己坐飞机跑到杭州来参加这个会，到了才突然发现这个会原来没有票是入不了场的。于是，他就在会场外转了两天，看看这里到底有什么东西，这些人在这里到底干了些什么。所以，我特别想跑到东北，看看这个热情的年轻人。那天所有人都是从全国不同的地方奔波过来的，我们从这里可以感受到创业的热情。

第二，大家都知道创业是一件风险多么高的事情，但是为什么这个时候大家有那么大的热情？因为环境改变了人。大家想想看，这也是在云栖小镇，我们想能够释放出来的想法，今天你的创业环境和30年前有什么不一样？首先，如果说过去的创业还属于圈养的话，今天的创业是放养，不再是一个创新工厂，而是一个创新牧场，大家会有更大的自由空间。没有人可以教会你怎么创新，社会可以做的事情就是给你创造这样的环境。阿里巴巴和富士康，其实它们并不是到这里来发展自身企业，这些大企业会成为小企业的创新平台，这倒过来也是今天很多大企业能够延续10年、20年发展的基础。如果今天大企业不能够成为中小企业创新平台的话，这些创新创业者一定会把它颠覆掉。其次，这个世界改变了什么？大家想想，过去我们叫创新创业，意味着什么？意味着如果你做的创新创业死了，你这个人也死了，那我觉得今天这个社会到了这个阶段，即任何一个人做的一个创新，哪怕这件事情在商业上并没有成功，但仍然是社会的财富，这个社会应该有这样的机制，能够保留下来，使它成为整个社会的财富，这就是我们说的黑土。大家想想为什么一块黑土能长出更好的东西来，是因为有更多的东西死在它的前面。全世界能称得上黑土的有三个地方：乌克兰某处、东北某处、密西西比某处。我相信在中国有那么一两个地方会成为全世界的黑土，而这靠的是创新创业，所以我想说一句话，这个世界已经跨入这个阶段，哪怕你创造的企业不存在，只要你这个人会存在，你创造的价值会因为这片黑土而传下来，成为整个社会的财富。在中国，科学技术在过去10年发生了相当大的变化，使我们有更高、更远的想象空间，所以整个环境变了，很多企业因此而发生变化，有很多企业，应该就是因为大企业成为它的平台而发展起来。

第三，我想分享一下，为什么“双创”推动了世界的改变，我自己有一个很大的感受，有人和我说，“双创”是自己想做一件什么事情，是今天这个世界很多问题需要创新创业者来解决。我举一个最简单的例子，比如物流，是不是国家要给物流公司很多地方，是不是像阿里巴巴这样才能解决很大的问题，其实不是。一个小企业从几十个人开始，做一家没有停车场的公司，但是它们在2014年为中国的卡车司机省下来的油钱超过100亿元，它没有任何背景，就是从一个几十人的创业公司起步，把互联网作为很重要的手段去做，这是创新创业可以去改变的很多事情。同样大家可以想到，做创新创业不是自己有一个小的想法把它实现，中国有多少问题，实际上是靠这些小企业来解决的。我再举个最简单的例子。大家都知道有一个网站是12306，但是它只是解决了坐火车的问题。有一个不到100人的企业，他们想解决的是中国老百姓出行坐汽车的问题，而在中国卖出一张火车票，要卖出10张长途汽车票，这样的创新创业对中国老百姓的帮助有多大，如果没有这样的创新企业，中国的老百姓永远没有机会在网上买车票，所以我想这是一个非常大的环境。

在“双十一”时大家买过很多东西，我讲一个数字，可以告诉大家这后面蕴藏着的创新创业的机会。四年前，大家知道这个活动是从晚上12点开始，我一直没搞明白，大家为什么晚上趴在电脑前买东西。四年前，我们35分钟完成了第一个10亿元的交易；三年前这个时间变成花了不到6分钟，完成了10亿元的交易；到2014年，不到3分钟就完成了第一个10亿元的交易；2015年的时候只用1分20秒就完成了第一个10亿元的交易。我想告诉大家这不是买东西，这是中国的互联网在影响中国，中国老百姓对互联网的热情，也是所有“双创”的基础。最后我想表达一下，如果大家相信这个梦工厂，如果大家相信这是一个巨大的机会，我希望当你做一件事情的时候，当你做创新创业的时候，千万不要关心投钱的人让你做什么，一定去想一下你为中国甚至世界的老百姓解决了什么问题。当你走进那么好的会场开会的时候，你要回头想想，进入这个会场，当上了《发现双创之星》节目的时候，你是离梦想远了还是近了。我希望当上“双创之星”是离梦想近一点，但是很多人可能远一点，因为你没想清楚这个问题。最后我想说，在中国这个时候，其实我们已经不是在谈中国的“双创”，也不是在谈我们对中国的贡献。我想这一轮的“双创”，实际上过 10 年、20 年再看，是中国对世界的贡献，这也是我们所有人要做的事。

范　渊[1]

不断创新维护信息安全

前几年，总有人问我为什么会爱上网络安全行业，我说，我的梦想就是守护中国的网络疆土，同时我也享受每一次与黑客攻防博弈中的乐趣。诚如我爱打太极，太极招式讲究相生相克、阴阳互变，攻即必破，防则有余，动如脱兔，静若止水。而网络安全本身就是在攻、防、动、静这个循环中不断实现动态平衡和前进。孙子所云，“知己知彼，百战不殆”，只有用黑客思维去抵御黑客攻击，才能应对网络安全威胁的变幻

① 杭州安恒信息技术有限公司董事长。

莫测。安恒信息在成立之初就始终秉承这一理念，一直重视对黑客技术的深入研究，产品也能为客户创造更好的安全价值。如今，安恒信息已是全球网络安全企业500强，是数据库与应用安全领域的领航者，虽然梦想已经渐渐走进现实，但我知道，中国在网络安全上还有很长的路要走，忆往昔艰苦创业，看今朝任重道远。

一份执念赴硅谷，开启寻梦之行

从南京邮电大学毕业后，我进入浙江省数据通信局成为一名网络工程师，主要负责日常运维安全保障工作。工作虽然枯燥但我乐此不疲，也许是对技术天生的执着，我珍惜工作中每一项新技术的积累，我渴望工作中面临各项技术挑战，但我发现国内的工作环境已经无法满足自己的求知欲，我毅然选择去美国加州州立大学深造，带着这份执念，我开启了美国的寻梦之旅。

拿到计算机科学硕士后，我选择留在美国，继续从事应用安全领域的研究工作。2006年，我在硅谷成立了DBAPP Security（杭州安恒信息）安全公司，由于研究领域的技术领先性，我受邀在全球最顶尖的网络安全大会——美国黑帽子大会演讲，向全球500强IT主管以及各界安全技术专家阐述应用安全领域的最新研究成果。后来我才知道，自己是第一个登上这个舞台的中国人。激动、兴奋、狂喜，至今都无法忘却那一刻内心的澎湃。那一次，我不仅收获Oracle（甲骨文公司）、惠普这些大客户，也向全世界展现了一个中国人的安全技术实力。

美国的这段经历是我厚积薄发的阶段，不但研究了技术，还沉淀了心性，狂欢之后，我开始冷静地把目光投向了国内。当时，国内的网络空间环境更加严峻，而且网络安全研究几乎处于空白，安全技术水平和美国相比还有很大的差距。但我想，正是这些差距，催生着中国网络安全市场产生新的变革力量，也能为我创造更多的机会去改变现状，在祖国，我会有更广阔的天地。就这样，在一个大雪纷飞的圣诞节，怀揣一腔热血的我，带着妻子和只有三个月大的儿子回到了杭州，正如当年带着那份执念去了美国，我的安全梦又开启了全新的征程。

一片丹心报祖国，开创追梦之路

从无到有，从“我”变成“我们”，从点滴到澎湃，在别人的睡梦中我踏上了从零开始的追梦之旅。然而，在梦开始的地方，我却遇到了前所未有的挑战。由于国内用户缺乏足够的网络安全意识，国家层面也没有形成成熟的市场机制和政策环境，我们很难让用户充分认知自己的安全需求，所以在 2007 年成立安恒信息后，我们的市场推广举步维艰，市场开拓的难度不言而喻。

创业之初，几乎每个安恒人，都在超负荷运转，常常是白天走访客户，晚上给客户的网站漏洞评估，一方面展现公司的实力，另一方面让用户意识到安全的重要性。每天 16 小时工作甚至成了很多人的习惯，最困难的时候，公司账户上只有不到 100

万元。那时候我告诫自己，这是我选择的生活，即使前方无路，我也应该走下去，自己拯救自己。后来高新区领导注意到我们的困难，不仅在资金上给予了我们一定的支持，政策上也进行了相应的扶持，这对安恒信息来说正是雪中送炭，也为我们梦想争取了更多的存活时间。

功夫不负有心人，凭着所有安恒人对梦想的那份坚守，客户逐步知道了“安恒信息”，了解了“安恒信息”，接受了“安恒信息”。我们开始收获属于自己的种种“第一个”：第一个电信客户“浙江电信”，第一个移动客户“浙江移动”，第一个教育客户“浙江省教育考试院”，第一个金融客户“浙江省农信”，第一个公安客户“北京市公安局”。安恒信息也由这许许多多的“第一个”，像迅速成长起来的大树一样，不断枝繁叶茂，蓬勃壮大。

我们也开始在各大国家盛会中崭露头角，先后成为北京奥运会、国庆60周年、上海世博会、广州亚运会、亚信峰会、首届世界互联网大会等重大活动的网络安全产品和服务提供商，并获得了国家的高度赞誉。

说实话，追梦的路上并非一帆风顺，但是我没有因高压而低头、失望而灰心、挫败而止步，我相信有梦者事竟成。安恒信息自成立以来发展迅速，经营业绩和业务指标每年都保持50%以上的增速。

公司的市场规模已经涵盖各个行业领域，是政府军工、公检法司、运营商、金融能源、财税审计、教育医疗、“互联网+”等行业信息安全领域最值得信赖的首选品牌。

主营业务也不仅仅是在数据库和应用安全领域，我们开始涉足智慧城市安全、云计算安全、大数据安全、物联网安全、移动互联网等前沿领域，并逐步成为这些领域的佼佼者。

安恒信息，必将成为中国网络安全行业的一块值得信赖的金字招牌，一支屡创奇迹的王者之师。

一鼓作气再向前，开拓圆梦之旅

2014 年，网络安全已经上升为国家重大战略。2 月，中央网络安全领导小组成立，习总书记亲自担任领导小组组长。4 月，北京市政府将 4 月 29 日设为“首都网络安全日”，此次网络安全宣传周是我国第一次举办全国范围、高规格的网络安全主题宣传活动。安恒信息受邀出席并参与了大会安全保障工作，最后从 34 支顶尖级网络安全团队中脱颖而出，一举夺得大赛特等奖，充分证明了我们在业内的领先优势。我们的技术实力不仅得到了业内的认可，还得到了国家的肯定，继 2013 年成为 CNNVD（国家漏洞库）六家一级技术支撑单位之一后，我们在 2014 年获得了 CNNVD 颁发的技术支撑单位特别贡献奖。

2015 年上半年，可以说是安恒信息腾飞的半年。1 月，我们作为首届世界互联网大会唯一网络安全支持保障单位，荣获了组委会唯一一个先进个人表彰；2 月，安恒信息成为少数入选国家发改委信息安全专项的企业之一；3 月，我们更是跻身全球网络安全企业 500 强，目前国内仅有 4 家入围，安恒信息是数据库和应用安全领域唯一的一家，安恒信息在业内的影响力已经辐射全球；4 月初，安恒信息受邀出席美国 RSA 大会，中央网信办领导亲临安恒信息展台慰问指导；4 月中旬，安恒信息凭借优秀的安全专家团队和丰富的培训经验，成为（ISC）^{2} 官方授权培训服务提供商，也是国内极少数同时具备 CISP 和 CISSP 培训资质的单位；4 月底，安恒信息承办了第二届北京网络安全技术大赛，吸引了首都各界企事业单位、社会团体、高校等公众的广泛参与；5 月初，安恒信息作为国内信息安全行业的典型代表出席贵阳国际大数据博览会，先进的大数据安全分析技术受到与会者的一致好评；5 月底，安恒信息入选“国家级”网络安全应急服务支撑单位，正式成为我国网络安全应急响应的核心力量；6 月初，安恒信息成为首批信息安全等级保护安全建设服务机构，并通过 CMMI3（CMMI 全称是 Capability Maturity Model Integration）认证，证明了我们的产品研发能力已与国际先进水平接轨；6 月中旬，安恒信息加入了云安全联盟 CSA（加拿大标准协会），与其他国际顶尖安全厂商一道成为云安全防护的中坚力量。

8 年风雨兼程，8 年卓绝奋斗，8 年创新不止。如今的安恒信息，已经是拥有 500 多名员工的大家庭，其中研发团队人员 291 名，可以说每一名成员都是业内翘楚；我们的服务和渠道遍布全国，除总部杭州外，在北京、上海、南京、广州、成都、深圳、重庆、济南、西安等地均设有分支机构。坦率地讲，安恒信息这 8 年的巨变超出了我最初的设想，这也更加坚定了我打造中国最具特色网络安全产品的梦想。

我们的核心产品始终吸纳最前沿的创新理念，始终保持业内的领先地位，始终代表产业的发展方向。2012 年，我们的网页防篡改系统一经推出，便率先入围中国移动集团项目，一举获得技术最高分，打破了国外安全厂商在央企垄断的局面，同时也向国际顶尖厂商展现了中国网络安全企业的非凡实力；2014 年，我们又推出了国内首款信息安全等级保护检查工具箱，短短一个月，就被公安部三所、各省市公安部门广泛使用，已经成为我国等级保护检查的指定工具；2015 年，随着“互联网 +”时代的到来，信息安全形势日益严峻，我们创造性地推出了风暴中心——大数据安全分析中心，应对大数据和云计算安全挑战，并牵头制定住建部《智慧城市信息安全技术规范》，成为智慧城市安全保障领军力量。

人类的进步源自一次次的探索和创新，我们的每一次创新，则是源自改善我国日益严峻网络空间环境的初心。每天，安恒信息风暴中心同时监测全国数百万个网站的安全，实时感知中国网络空间的安全态势。每当我看到风暴中心监测屏上闪烁的一条条严重漏洞警告信息，我的心情都异常的沉重。中国的网络安全保障还有很长的路要走，中国的网络空间安全必须靠中国人自己来捍卫！

我常常想，安恒信息如何在“互联网 +”的交会点上把控智慧城市的安全命脉；如何在 DT（Data Technology）时代的第二个 8 年再续辉煌；如何在全球网络安全企业 500 强佼佼者中更上一个台阶；如何从大数据中挖掘更大的信息安全价值，继续保持数据安全领航者的优势？我深知肩上担子的分量，安恒人还是那群执着的追梦人。我坚信，我们的未来就是为中国网络安全创造更美好的未来，我们的梦想就是打造更安全、更明朗、更健康网络空间的中国梦。

熊　伟[1]

创业项目要找到社会的痛点

其实，创业“创”到现在我已经不太像我自己了，人都老了很多。每天早上照镜子的时候看着花白的头发，我都在想这是我吗？

大家能看出我多少岁吗？2015 年我 32 岁，在 10 年前，刚参加工作的时候，每次照镜子我都想象着有一个小姑娘在旁边说：“哥哥，你好帅啊！”现在是每次照镜子都觉得身边有人在说：“大叔，你头发该去焗油了。”我曾经在阿里巴巴干过 5 年，阿里巴巴的工作强度真的不是一般

① 杭州龙盈互联网金融信息技术有限公司联合创始人。

高，干一年抵三年。在杭州有这一句流传甚广的话，如果有朋友很久没有联系你了，要么是“进去”了，要么是进阿里巴巴了。这足以说明互联网公司的辛苦。

我是一个非常普通的人，大学本科学的专业是计算机，大家知道搞计算机的都是吃青春饭，毕业前我就想改变程序员的命运，于是准备去考经济学的研究生，并且很认真地参加考研辅导班，但是在考研的第一天我睡过了头，考研与我擦肩而过，很幸运的是我以当时全市第一的成绩考上了公务员。大家知道十年前做公务员还是比较轻松的，公务员虽然工作内容不难，但是工作非常繁杂。我经常自己给自己找事干，没人干的活我都主动去干，所以我经常在全局系统里得到表扬，写宣传稿件也是最多的，在团委组织活动也是最积极的。做了两年的公务员后，我始终觉得还是无处安放我这颗放荡不羁、爱自由的心，我觉得这个环境和体制还是不能满足我对自己的要求。于是我咬咬牙，把两年前睡过头的那次考研重新捡起来，经过半年多的复习准备，我考上了香港理工大学的研究生。当我研究生毕业以后，我进了阿里巴巴。

你会发现我有很多年轻人身上共有的特质，就是想法非常多，想要的也很多，思维很活跃。进入阿里巴巴以后就会发现我的很多想法在这里都能有机会去实现，去试错。从原来机关一个中规中矩不能犯错的环境，到了一个既开放又包容的地方，整个人都变得非常活跃。那颗放荡不羁的心终于在阿里巴巴得到了安放。于是我从一个放荡不羁的青年，变成了一个成熟稳重的大叔，阿里巴巴集团十周年那年，我们为了做好一个重大项目，整个团队苦干了三个月，在晚会的前三天总共加起来睡了5个小时，因为这个项目做得非常好，我获得了阿里巴巴的总裁特别奖，要知道接这个项目的时候我刚入职一个月，当时想过放弃，也想过转岗，但是十年难得一遇的机会被我遇见了，我不能放弃这次机会，事实证明我做的结果还不错。

后面我也走上了创业之路，为什么会创业？因为冲动。在创办盈盈理财之前，我在阿里巴巴、支付宝、淘宝都待过，大家现在知道的两个产品，余额宝和滴滴打车，他们的创始人都在我服务的团队里，我是他们的政委（HRG），他们都是优秀的代表，身边有这样优秀的人，让我自己也经不住诱惑，也想试试创业。非常巧合的是，在2013年时，有之前带过团队里的老同事和我说想和我聚聚，后来他把我叫到了一个商住两用楼里我才发现，原来他们在创业，当时沙僧（化名）问我要不要一起干的时候，我看看了只有五六十平方米的办公场地，我说，你们给我一天时间考虑吧。当时我花了一天的时间考虑，我是这么问自己的，想不想？敢不敢？能不能？当我问了这几个问题以后，我给的答案是，我不愁找不到工作，我有专业的技能，我非常想创业，再加上这几个拉我入伙的人，在我带过的团队里是非常牛的人，我相信跟着这样的人干不会错。所以这是我一开始创业的机会，我就想试一试，试了以后发现根本停不下来。刚才袁省长说到浙江创业的“新四军”，我是“新四军”的两块，既是浙大系，也是阿里巴巴系的，所以我给大家个建议，我自己在21岁大学毕业，在30岁之前，什么苦活、累活，只要领导让我干，我都一定干得很漂亮，因为我觉得在30岁之前我没有想过要赚钱，眼界、知识和经验的积累比金钱更重要。但是当你快要30岁的时候，你要总结一下自己收获了什么，能做什么，想要什么，所以30岁之前如果你想创业，还是要相对谨慎一点，就像有人对一个20多岁的姑娘说要娶她一样，都需要谨慎思考。因为你要对自己负责，也要对别人负责。

为什么选择互联网金融方向创业？因为痛。我和大家一样，也是一个学校出来的普普通通的人，为什么银行的理财门槛就要5万元，我有500元不行吗？凭什么我的500元、5000元只能放到工资卡里沉淀？这是第一个痛点，就是工薪阶层老百姓的理财难；老百姓必须要理财了，现在一年期的理财利息是1.5%，但是CPI（居民消费价格指数）涨幅已经超过4%了，如果你在银行存1万元，你的真实购买力只有一年前的9800元左右，你的钱在贬值，所以一定要理财。所以这也是痛后面蕴藏着巨大的商机。所以我想，如果能够创建一个平台，帮助工薪阶层、白领，哪怕有5元、50元、500元也能理财，这将是多大的机会啊！还有一个原因也是因为痛，除了我们这些人，还有一群人是中小企业家里面的“屌丝”阶层，中国有超过8000万的小微企业主，这些小微企业至少有一半在银行是借不了款的，如果今天我有这样一个平台，能够为这些小微企业主提供融资服务，那也是非常有价值的事情。所以今天要去创业，不是说我想干什么，而是说要找到今天社会的痛点在哪里，我做的事情对社会有没有价值。

所以除了我之外，刚才说的有沙僧、汤隆、倚剑、马援四个人，这些都是原来支付宝的中高层，我们决定干一件疯狂的事情，我们要搭建一个互联网金融信息技术平台。目前盈盈理财APP的下载量已经非常大，超过3000万的用户，基本上每天都有超过2500名的新用户注册使用。我们企业的员工已经有600多人，其中有300多个分散在12个区域，17人是银行行长级别的，在我们这里从事业务和风险管理工作。我们始终相信互联网的未来在移动端，金融的未来一定在互联网。

当然我们也不是自己傻乎乎地干，互联网金融很神奇，也有很多人在浑水摸鱼，如果有人说互联网金融行业和方向不好，总理就在常务会议上说互联网金融的行业和方向是好的，所以我们一直和我们的团队讲，只要我们做对社会有价值的平台，互联网金融行业绝对是有机会的，我们幕后最大的“老板”是李克强总理，他懂互联网金融的好。为什么会讲这样的话？是因为我们2013年成立的时候，做的就是标准化受监管的货币基金产品，我们采取了跟随和创新的路，因为当时余额宝非常风光，而且互联网金融在2013年还是个新鲜事物，余额宝刚面市时天天挨电视上的“专家”骂。但我们知道这个方向一定是对的，所以我们选择了差异化，余额宝只有一款货币基金，我们有7款货币基金，所以我们当年在余额宝那么风光的时候还能做到100万的用户。后来由于用户越来越多，未来需要满足不同用户的理财需求，我们又想到进行产品创新，要帮助小微解决融资难，当时就想到要找担保公司合作。那时候没人做业务，我又跳出来，说我去做，但是我对担保行业一窍不通，我就在百度上搜，看到宁波担保协会要开会，我就给秘书处打电话，说我是杭州的谁谁谁，我能不能参加你的会。他说你是谁啊，我这是内部会议不允许外部人参加。后来我还是决定一试，所以我就连夜做了PPT，然后把它打印在A4纸上，在当天早上赶到开会的宾馆，我就和秘书处的工作人员说互联网金融是怎样的新生事物，我们能和担保公司合作一起帮助小微企业，和他讲了十分钟，他回了一句“哦”，我看着他迷茫的眼神后就决定不跟他讲。我就进入会场，然后在门外等，出来一个人我就过去，跟他介绍我们的平台和业务，就这样，我在会场门口和厕所门口走了六七十个来回，只有一个大姐看我可怜，她拿了一张打印的介绍，我说谢谢。到后来秘书处的工作人员看到我就烦了，说你不要在这里影响会场秩序，她要叫保安，我说你要这样的话，我就决定住这里了，我是酒店的客人怎么能赶我，她就灰溜溜地走了，其实那个酒店我是住不起的，可气势上不能输给她。我看着我手上的纸，我心里想，再过一两年，我要让你们知道我是谁，我要让你们知道我做的是什么。果不其然，刚才说的事情在一年以后，浙江省经信委在下面的浙江省担保协会请我去讲互联网金融，这就叫“逆袭”。

创业最难，不是你去想这个项目，不是你去找到所谓的合伙人和融资，创业最难的是当你从以前安稳的工作退出来，来到新行业，你身边的朋友、亲戚、陌生人，会对你所做的事情否定、怀疑，这个时候你能否坚持下去，这是创业最大的苦和痛，但是这个痛和苦背后就叫痛快，因为痛并快乐着。所以你如果真的要创业，就要问问自己，你能不能坚守那份寂寞，能不能面对这份流言蜚语。

10 月，我们获得了第四届创新创业大赛互联网以及移动互联网组全国第一。2014 年如果你在网页上搜浙江的互联网金融，第一个跳出来是跑路的时候，真的是对行业很大的伤害，当浙江省委、省政府要打造互联网创新创业中心的时候，你在百度上弹出来的关键词是跑路，简直是脸上没有光，但是我们用三年时间的积累，用实力告诉大家，浙江互联网金融的创新创业在全国是第一的。所以回来说到创业，创业并不意味着说你真的要离开自己的本职岗位，去另起炉灶，如果你有这份勇气，其实可以在你自己的本职岗位上，也能做到最出色，用创业的心去做创业的事。所以有句话送给大家，创业的路，错着错着就对了，走着走着就到了！

潘华素[①]

再难也要打破国外技术垄断

从小我就梦想成为一名医生，幸运的是通过自己的努力，我成了一名真正的医生，而且拥有了自己的医院，由于工作关系，我接触过很多肿瘤中晚期患者，其实肿瘤并不可怕，可怕的是不能早期发现，及早进行治疗，导致一个个幸福家庭被癌症拖垮，而作为一名医生却没有更好的办法，那种无能为力的心情让我觉得很痛苦。当时，美国3亿人口，有6000多台发现早期肿瘤的设备，而中国13亿人口，只有200多台，如

① 明峰医疗系统股份有限公司董事长。

果我们能普及这些设备，就可以拯救很多患者，拯救很多家庭。

正因为这样，我开始考虑能不能把这些技术引进我们国家，造福于老百姓。2009 年，我在浙江大学学习期间，一个偶然的机会，了解到在美国有个项目团队正在寻找投资。

经过初步了解，这个科技公司人员，一直从事相关设备的研究工作，有一定的研究成果，却还不十分成熟，如果在这个时候投入，意味着巨大的风险，有可能所有的投资都会打水漂。而且当时对方只是想在美国吸引投资，并不想将这项技术卖到中国来。

我评估了风险以后，出于一名医生特有的使命感，我坚持应该为高端医疗装备的国产化冒险一搏，当时我把全部的想法和思路告诉我先生后，他毅然决定支持我的想法，立即陪我赴美国进行考察。

我想大多数人的创业，困难都会出现在开始的时候，我的这个项目也毫不例外，到美国后，对方的开价高得吓人，而且还坚持要我们去美国投资，没有把技术带来中国的想法，谈判过程非常艰辛，来来回回谈了很多次。谈到后期，对方邀请了当地的领导，特意飞到杭州与我们洽谈，要求我们带着投资到美国去产业化，并承诺给我们一系列的优惠条件。

当时确实也心动过，因为这意味着能够以更少的投入产出更多的经济效益，而且前期工作也会变得非常简单便利。

但在我们的坚持下，经过多轮谈判，终于在 2010 年将整个项目引进中国，并要求两年内拿出可投放市场的产品。

两年过去了，钱用完了，产品却还没有出来，1800 万美元的前期费用成为泡影。为了项目能够继续下去，我当时也找了很多投资机构，希望有人能支持我们，陪我们一起往前走，可是，绝大多数投资人对项目都非常感兴趣，但前提条件都是要求我们的产品能出图像，只有出了图像，产品才算成功，才能投放市场。坚持还是放弃，那时就摆在我面前。坚持，意味着要钱、要人才；放弃很简单，但所有的努力都白费了，所有的梦想都落空了。最终，我还是不想放弃，又鼓励我先生支持我卖掉几个效益不错的工厂来完成这件事情。钱的问题解决了，接下来就是人才的问题。

这方面的人才全世界都特别少，经过多方渠道打听，有两位能够帮助我们的人，其中一位恰巧还是华人。可问题在于，用什么能打动他们，让他们放弃国外的优越条件，来与我们一起创业？我三番五次地找到他们，向他们表达国家很需要自主知识产权的高端设备。最终其中那位华人科学家也想着为国家做出贡献，率先同意加盟我们，而且，他还不遗余力地帮我顺利邀请到了另一名我们一直在努力争取的科学家。

有了我先生在资金上的再次支持和两位关键科学家的鼎力相助，这次我们的工作开展得比较顺利，在 2014 年，攻克了所有技术难关，使产品终于在 2015 年面世，成功走向市场。我很自豪，全世界能做核武器的 10 个国家，能做高端医疗设备的只有德国、日本、美国和中国 4 个国家，同时我们是中国第一个自主研发核心探测器技术的企业。

回首往日，为了这个项目的研发，我们投入了大量的精力和物力，仅是自筹资金，就3个多亿人民币，在我最困难的时期，我们承受着银行收贷、股东撤资、供应商不支持、家人不理解等方方面面的压力，深深感受到创新不易、创业艰难。

可是你们要相信一点，只要你的方向是正确的，你的目标是明确的，你的创新项目契合了国家产业发展的要求，那么，无论过程多艰辛，路途多遥远，你最终会走向成功！而成功的喜悦，不仅仅在于项目的成功，更多地在于我们人存在于社会之中的价值体现！

今天回顾这个历程，我深深觉得：不忘初心、方得始终，创业创新既需要正确的方向，也需要有正确的方法，更需要坚韧不拔的毅力！

李明焱[①]

科研人员要耐得住寂寞

我是寿仙谷药业的李明焱，我们寿仙谷的铁皮石斛枫斗颗粒、铁皮枫斗灵芝浸膏、破壁灵芝孢子粉等产品市场反响一直不错。今天，我与大家分享的主题是：振兴传统中药从育种做起。

说起铁皮石斛的育种，还得从我父亲说起，记得父亲74岁生日的那天，他把我叫到身边，跟我说："铁皮石斛是滋阴润肺、养胃生津，补五脏虚劳的好药，又是治疗糖尿病的良药，但现在野生的铁皮石斛越来越少了，爸爸年龄大了，

① 浙江寿仙谷医药股份有限公司董事长。

希望你想想办法，把它种出来。”

面对父亲的期盼，1998 年，我开展了对铁皮石斛等名贵中药材的育种研究。

育种，就要有种质资源。但铁皮石斛大多长在悬崖峭壁上，采集起来很艰难。为了摸清铁皮石斛不同的种群、种质和生长习性，我们跋山涉水，前往浙江、江西、福建、云南等地，采集了 100 多种野生铁皮石斛种质。记得有一次我们在武义大红岩的岩壁上发现了一丛铁皮石斛，我就手抓着岩草，往上攀爬，突然岩草被连根拔起，我连人带草从七八米高的悬崖上翻滚了下来，把我的队友都吓呆了。说也很神奇，我很快站起来了，感觉不太痛，大家都说是铁皮石斛之神在庇佑着我。

我们先后花了十多年时间，育成了“仙斛 1 号”“仙斛 2 号”铁皮石斛优良新品种，研制出了与野生相近的营养基质，和仿野生标准化种植技术，生产出的铁皮石斛多糖含量等指标比国家药典标准高出近两倍，并获得国家发明专利。2006 年央视曝光铁皮石斛良莠不齐，以假乱真等问题。为了规范行业健康发展，我们与浙江中医药大学、中国中医药科学院等科研院所合作，共同制定了浙江省铁皮石斛地方标准和国家标准。同时我们将多项发明专利无偿地在全国推广应用。目前铁皮石斛这一“仙草”也已经走进了千家万户，成为健康产业的一颗明珠。

我出生在一个中医世家，从小耳闻目染父亲采药、制药，为乡亲看病治病。1979 年学校毕业后从事灵芝、香菇等育种研究与推广工作。

1990年，我被国家科委选派到日本学习。日本先进的科学技术和经营管理理念让我震撼。我国是最早开发利用中药和香菇的国家，但日本中药却占了全球近80%的份额。造成这种状况的原因，除了大家熟知的农药残留、重金属超标等问题，更重要的是，缺少自主知识产品的优良品种。因此我暗暗地下决心，一定要勤奋学习。

回国后，我决定把“高温香菇和灵芝优良品种选育”作为研究的重点方向。但当时条件很差，没有资金，不像现在有天使投资，有各种基金。我们省吃俭用，七拼八凑，筹集资金。当时连超净工作台都没有，更谈不上像生化培养箱、恒温恒湿培养箱等仪器设备了。我们只能土法上马，自己动手设计制作，比如接种箱、培养室的消毒，也只能用甲醛溶液加高锰酸钾汽化进行杀菌。由于长期与甲醛接触，导致我扁桃体发炎、皮肤过敏，出现了皮肤破裂等症状。实在受不了的时候，也只能采取一些土办法，寻找当地的一些中草药，缓解炎症；皮肤过敏了，只能擦擦药膏；手开裂了，贴上胶布，又继续工作。

经过上千次的研究实验，灵芝新品种“仙芝1号”“仙芝2号”相继选育成功，比日本红芝和韩国韩芝更加优良。而“武香1号”香菇品种的育成，填补了国内外无高温香菇品种的空白，并大规模推广应用，取得了显著的经济与社会效益。为了提升灵芝整体研究水平，提高核心竞争力，我们与北京大学、浙江大学、上海农科院、302医院等科研院所合作，开展药理药效、临床及新产品的研发、灵芝及灵芝孢子粉标准的制定。经过多年的努力，我国香菇和灵芝的整体水平达国际领先，成为名副其实的香菇强国和灵芝大国。

我先后主持完成30多项国家、省部级科研项目，有10多项成果填补了国内空白，获国家科技进步二等奖1项，省部级科技发明奖、进步奖等9项。

经过30多年的实践，使我深刻地体会到：种子种苗工程是一项最基础的工程，一个优良品种的选育成功，会推动一个产业的革命。袁隆平院士在杂交水稻上的贡献，让我钦佩，是我学习的榜样。我是党和国家培养出来的一名科技工作者，一定要加倍努力，选育更多的优良新品种，多出成果，为祖国中医药事业的振兴，尽一份自己的绵薄之力。

这里最关键的一步，就是要有自己的品种，把品种抓在自己手里。回首以前的创业经过，觉得那时候很苦、很难，我们那时候的创业条件没有现在这么好，现在有各种风投、各种基金，当时我七拼八凑，把很多家当都拿出来卖了，买种苗、买材料。培育一个新品种不容易，除了钱、技术，还要拼意志力。我们一干就是几十年。但现在回想起来，那是值得的，是最正确的选择！因为种子种苗的选育成功，是走出振兴中药产业最关键的一步。

一路走来，非常感谢政府和社会给了我们很多荣誉和肯定，我们赶上了好时代，但我们的工作还只做了一点点，我们将继续在中医药创业创新的路上坚定踏实地走下去！

铁皮石斛品种的选育，我们先后花了近十年时间，第一个品种“仙斛1号”相关成分比国家药典的标准都要高接近两倍。而且我们还自己开创了一套生态有机循环模式，就是把种灵芝的废料拿来种铁皮石斛，铁皮石斛的废料用来种藏红花以及其他农作物，既创造了新的经济价值，又减少了环境的污染。

香菇、灵芝的推广，我们要向上万户的农户传授栽培技术，解决栽培问题，常常回不了家，而且那时候的通信也不发达，不像现在打个电话就能找到。我的两个孩子出生，我在外面毫不知情。县里领导后来找到我，告知了此事，我答应他们出院时来接。结果在回家的路上，又被农户拉去检查、辅导。我对家人是有歉意的。但品种的问题一天不解决，我的心头始终就不踏实！

最终灵芝和香菇选育成功了，灵芝品种“仙芝1号”，比日本红芝和韩国韩芝都要好，是全世界最优良的品种；香菇品种“武香1号”，成为全国的主栽品种，农民创收超百亿。虽然很累，但我们备感欣慰，同时也让我更坚定了种子种苗工程是个基础工程的信念。袁隆平院士大家都知道，他培育的杂交水稻，解决了人类温饱问题，他的专业让我钦佩，他的社会责任感时时激励着我，我一直视袁隆平院士为楷模，希望能探索出一条振兴传统中药的路子。这里最关键的一步，就是要有自己的品种，把品种抓在自己手里。

方　毅[1]

做到别人看不懂赶不上

今天我还能坚持自我是创客最重要的一个特征。创业十年来，很多人都问我，关于创业十年感受最深的是什么，记忆最深的是什么，碰到的最大困难是什么。创业十年，有太多太多感悟，现在我想和大家分享一下，作为一个创客最重要的一点体会，就是选对战场，快速迭代。这里有一句我们贴在公司展示墙上的话，叫作“Find the must-win battle , Hit the ground running”，是盟军登陆诺曼底的时候，盟军总司令交代给海军

① 浙江每日互动网络科技有限公司创始人。

陆战队员最后的嘱托，本义是，脚一沾地就跑，找到自己的站姿，迅速出击，翻译过来可以叫作“旗开得胜”，这才是创客的生存之道。

在开始和大家分享沉重的十年之前，我想先给大家分享一点八卦，这三段八卦刚好是和BAT（中国互联网公司百度公司、阿里巴巴集团、腾讯公司三大巨头首字母缩写）的三位大佬有关。

第一段是2009年央视拍《青年创业中国强》节目的时候，当时马云、李彦宏等五位大佬带了五个徒弟，带我的是李彦宏，事后有人说我和李彦宏老师长得差不多帅。正因为那次结缘，后来百度收购了我的第一家公司，才有了更深层次的后续战略合作，这是一个很有意思的缘分。

第二段是2008年，那年我和马云被选为浙江省改革开放30年30个最典型的人物，或许也是因为那次结缘，后来在9月19日阿里巴巴上市的当天，《纽约时报》当天头版放的是我和我夫人的照片，版面比他大，所以我抢了他的头条。2015年“双十一”刚过，阿里巴巴创造了912亿元的销售额，跟着“双十一”的节奏，淘宝每一个亿的流水，我们就会跟着赚一万块钱。所以我们非常感谢马云，“双十一”当天让我们赚了接近1000万元。

第三段是2011年，我比微信早了一年做了一款产品叫“个信”，当时已出现了米聊、有你，但我们还是行业老大。到了年底，我们有了1500万用户，在当时的市场情形下已经是非常厉害了。但是呢，过年了，很多人过年回家把丈母娘的手机给换了，装了微信，然后微信用户就变成了3个亿，我就败下阵来了。当时和腾讯的这场战斗，让我学到了很多。比如，大家知道在微信 5.0 以前，朋友圈的一条动态下面有人回复时，你常常分不清他是在回复谁的评论，然后，我就跟马化腾老师在微信上交流反馈了这个不良体验。出乎意料的是，很快新版本就推出，这个功能得到改进。腾讯对于产品体验的极致追求，的确值得我们深思学习。

为什么要讲上面这三段故事呢？因为，创业是一个生态，就像《纽约时报》记者来到杭州之后，第一件事情不是采访阿里巴巴，他认为既然阿里巴巴能长成参天大树，其背后一定是有一个有机的生态群，所以选择先采访这个生态群。只要在互联网行业创业，无形之中命运就会把你和各个巨头连接到一起。

下面和大家分享一下，这十年来我经历的几场真正的战斗。我是被保送到浙江大学的，在 2005 年还是研究生二年级的时候开始创业。大家知道，那个时候手机型号特别多，可谓千奇百怪，用户如果更换手机，通讯录就导不过来，是个非常头疼的问题。于是在 2005 年我们做了一个手机充电器产品“备备”，只要在手机充电的时候，就能把手机里的通讯录、短信全部备份到充电器，而且兼容 1000 多种手机，并且这个软件系统我们做到了只有 20 多 KB（计算机中表储存容量大小的单位），是一个非常小的概念。当年波导还是“手机中的战斗机”，于是我和波导去谈，他说你这个专利非常好，我给你每台 1 元的专利费。后来在回去的路上我非常开心，于是没有选择公交车，而是打了黑车。因为那时候还没有“滴滴专车”，于是我和黑车司机师傅说，您给我留一个电话号码吧，下次来我就叫您的车了。后来一想不对，下次我一定该坐奔驰、宝马了，于是我把名片又还给了师傅。然后我和小伙伴去买了全家桶，当时我们看到 KFC（肯德基），心里想到的都是“狂发财”（取自肯德基英文 KFC 的诙谐翻译，kuang fa cai 的第一个字母简写之意）。这是创客以一种给自己“打鸡血”的方式，去激励自己、去颠覆和创造。

后来，考虑到长远发展，我们转型做了其他产品，这个项目最后卖给了百度，所以百度电脑上的万能同步软件核心功能其实是我们团队做的。在做第一个项目的时候，我就在想，我不应该仅仅是解决通讯录的备份问题，而是希望每个人把通讯录都备份之后能够送到云端，你的通讯录里有我，我的通讯录里有你，基于通讯录而形成一个巨大的 SNS（社会性网络服务）网络。但怎样把它连接到云端呢？这个时候，移动互联网开始兴起。于是，我找到了最大的合作伙伴——中国移动集团，开始跟他们合作。我们把通讯录备份到云端，中国移动把它打通、聚合，于是就有了中国移动的“139 说客”产品。我以为找到了一棵大树，但是后来，大树里面人心浮动，开始晃荡，所以我就退了出来，把赚到的钱投入了后来我真正喜欢的这个项目“个信”。

在做“个信”之前，我找过腾讯的高管，问他们 QQ 会不会做类似产品。他说我们想做，但是不能做，于是我就决定 just do it（就这么干吧）。我们做到在两个人互相发短信的时候，自动把短信拦下，然后通过 IP（网络之间互联的协议）的形式发到对方的短信箱里。整个过程的体验和短信是一模一样的，只是绕过了运营商，为用户节省了短信费用。所以在2009年的时候，我们产品的界面里有了公众号、发图片、发语音等功能。但结果大家都知道，2011年微信横空出世，于是“个信”开始转型。

我们抽取出个信的核心技术——长连接推送技术，做成了现在的个推。比如“新浪微博”和“墨迹天气”的消息推送模块，都是我做的。大家手机每天会收到非常多的应用推送消息，其中80%都是通过我们的系统下发的。在互联网行业竞争有个准则，你要想在巨头林立的市场里快速成长，你就必须做到“看不见、看不起、看不懂、学不像、赶不上”。

所以我总结出三个教训：第一，做事情不要有太多的“然后”，拐很多的弯就可能会走不到那条路；第二，别期待“傍大款”，因为那意味着你成功与否将被超能力左右；第三，真正面临巨头大战的时候，不要站在正面战场。就像当年很多人问我，方毅你这只蚂蚁怎么去挑战大象。我就说，大象腿踩过来的时候，我就拿针去扎它。然而，事实情况是，这只蚂蚁处在了象群迁徙的路上，结果必然是灰飞烟灭。所以最好的方法，是联合作战。我想用易经乾卦里的爻辞来描述，叫作“见龙在田，或跃在渊，飞龙在天”。你这条“龙”处在什么样的阶段和状态下，就要选择适合你的战场去战斗。

产品怎样快速迭代？以我们个推为例，截至目前，个推SDK（软件开发工具包）累计接入总用户数达65亿人，覆盖9亿独立终端，每天分发超过20亿条消息，“双十一”那天我们系统分发了近40亿条消息。具体地说，比如开放二胎的消息，除了前300

位在现场开会的人是最早知道的以外，其他的数亿人都是通过我们的系统推送消息而得知。

在做个推产品的过程中，第一代，我们是把推送系统做好做稳定；第二代，是通过大数据分析，让每一条消息都变得更加精准；第三代，我们做了地理围栏技术，通过更加场景化、应景的方式，让推送更具想象力。个推平台积累了海量的大数据，在生活实践中也有不少应用，我管它叫作“人在做，云在算”。第一个故事是一个不幸的故事。2015 年元旦外滩踩踏事件发生后，我想在第一时间把事情搞清楚。于是我们把事件前后 6 小时的人流影像复盘出来，陈毅广场就是踩踏发生的地方，但在我们从人流影像图上看到人最多的却是半岛酒店，这是因为楼层非常高，很多人叠在了一起。于是我们把所有室内的人都去掉，一目了然。踩踏的原因是什么呢？我们分析得出当天外滩的人数是前一天的 3.61 倍，谣传是外滩有人抛撒假纸币导致。但事实是，晚上 9 点到 11 点人其实在减少，但晚上 12 点比 11 点人流突增一倍。通过进一步分析我们发现，这里面 80% 的人都是从其他区域刚刚赶来，并不是从楼里出来，而 9 点钟在场的人们 70% 已经离开了，所以拥挤的对流人群是踩踏的原因，最有效的方式应该是实行交通管制。通过对人群进行性别分析，我们发现外滩人群里男性远多于女性，但是遇难的女性多于男性，我们发现女性在这种场景下的遇害比例是男性的 5 倍，这是在世界灾难史里没人得出过的结论。我们也分析了年龄比例，其中 81.8% 是大学生，这是大数据可以呈现给大家非常不一样的洞察。

第二个故事是关于2015年“十一”国庆黄金周时来杭州旅游的游客情况分析。央视通过拍摄24小时逐格动画和我们的大数据热力图共同监测断桥的人流量，我们用热力图和他们用的镜头快播比较，得出的结果完全一样。“十一”期间，你也可以看到，外地来杭州旅游的人均收入水平确实很高。但是杭州又是一个亲民的城市，监测显示有15%的人是低收入异地人群，但是来到杭州一样可以玩得非常开心，这就是杭州的魅力所在。所以10月2日，央视的《新闻联播》就报道了个推大数据如何应用于智慧旅游。景区利用“互联网+游客数量智能管控”系统，当景区局部游客数量接近临界点时，就能实时提醒，采取交通疏管措施，确保实现安全、高品质的旅游体验。

第三个故事是关于北京西城区的热力图，这里是中国最核心的地段。在故宫，可以看到早上4点北门很拥挤，早上10点南门很拥挤，其他时间中轴线很拥挤，这就是洞察，站在上帝的视角，就会发现不一样的神奇。我们还把室内人流全部去掉，于是得出了西城区的实时交通图，并且跟当天的实际情况是非常吻合的。

我们还在尝试做另一个模式，就是把一家线下店铺的面积、服务员人数，加上从大众点评网上得到的客单价，加上分析店铺人流的数量以及这些人流的组成情况，直接算出这家店的月销售额。非常神奇的是，和真实的结果误差在两倍以内。凭借这个数据，银行可以直接给这家店提供小额贷款，降低了征信的不可能性，这也是大数据魅力带来的革命。

最后给大家讲一个我们最引以为豪的产品，是我们和国家地震台网合作的。大家知道，以前救灾是盲目的，需要救援的人在哪里，大家不知道。如果救援队问老乡，他肯定会告诉你他亲戚家的地址，这是人性，也可以理解。但是我们可以做到，如果发生地震，第一时间给总理的是震区的人群热力图。在人群热力图的帮助下，可以第一时间掌握人群分布情况，迅速采取精确的救援。

我们和国家地震台网合作的“地震速报”，这款产品能够在发生地震的第一时间把信息推送告知大家。当国家地震台监测到地震的时候，其实地震已经发生了几十秒，对救人命来讲这时间已经太迟了。我们运用大数据来分析，每个人都有自己的手机，每人每天有150次拿起手机，这样在我们热力图的监控上，这种振动就是波光潋滟随机分布式的。而一旦发生地震，这个区域里的所有手机都会振动，且以每秒三公里的速度向外环状扩散，就像往湖面扔一个石子一样，我们就马上能够判断这是发生地震了。哪怕央视春晚的时候让大家摇一摇，也是全国一起振动，这样的波形绝对无法模拟出来。所以站在上帝的视角，会发现地震实际上还是很慢的，整个过程会有20多秒钟的时间。如果我们能在纵波发生的第一时间通知到大家，在更具破坏力的横波到来之前，争取到10秒的时间，就能减少60%～70%的伤亡。这是我们在做的事，这就是一个程序员的情怀。我们希望通过我们的技术和能力，能够改变人类，能够给公益事业更多的支持，哪怕只有一点点。

第六章

创业福地，圆梦之州

李儒钦[①]

我的中国梦就是做创业导师

我叫李儒钦，来自台北市，我是福州燎原品牌公司的总经理，也是叶涩法式创业连锁餐饮的开创者，并引进了韩国人气商品——乌云冰激凌，同时也是福建青创执行理事、创业导师，YBC（中国青年创业国际计划）首位台籍的认证导师，台协会里面刚刚成立的台湾青年创业辅导小组的总干事，我2008年的时候通过“6·18”人才项目对接会，由团市委对接到福州来创业，我们选择了在台湾从事人力资源的工作，我在台

① 福州燎原品牌营销策划有限公司总经理。

湾经营人力资源网站已经10多年的时间了，积累了经验和机遇后来到了福州。第一次的创业是在2008年投资，但是没有成功，失败了；到了第二次我又做了软件开发，但是最后也没成功；第三年做了很多有机农业的产品，后面又做了所谓的品牌营销……直到2012年的时候，我屡战屡败，虽然经历了多次的打击、难过，不解，也遭遇了很多莫名其妙的事，我根本都不知道我该如何在福州这座城市继续生存下去。我站在这里的时候，在想一件事情，2012年的时候我发现了一个问题，连续在这三四年当中我找不到任何的方向，每一个人都说李儒钦你很飘，你很虚，你是骗子，你来这边根本就是在胡作非为；找不到任何一个项目可以对接，一年换一个项目，你说你到底在做什么，你可不可以做一点东西给我们看；为什么你做的东西都出现问题，等到我下次看到你的时候你又换了项目，那你到底是在做什么东西。所以2012年我决定要改变，我发现了一个商机就是很多台商朋友在这边做事，创业的时候失败了一次、两次都转做餐饮连锁，为什么在福建做台湾小吃？台湾美食这么受欢迎，就因为台湾的地缘跟福州的地缘、气候、饮食文化、想法都比较接近。我去拜访了一个台商朋友，他们告诉我，之前他们是做史努比童装的代理，这品牌很大，我当时也决定投产进来，但是不到8个月的时间，工厂倒闭了，我们很纳闷，主要原因是产品被山寨掉了，所以出来的副品牌，跟他一模一样的东西，卖了比他还低的价格，结果山寨商的营业额更高了，最终导致正品商的营业额大幅度下滑，因为他是正品厂商，所以价格无法低落，然后，山寨商更聪明了，把童装又升级化了，又出了另一系列更好看、更便宜的，最终坐立了山寨的王国，这是一个故事。接着，我们做台湾小吃——很有名的台湾牛肉面，牛肉面在台湾坚持所有的汤都是大骨熬成的，然后加入蔬菜，完全不含任何添加剂。我的一个台商朋友后来因为创业失败，第二次创业的时候想转做餐饮连锁，他也寻求了这样的东西，结果呢，他坚持了原汁原味，要把加汤、加料、加味精的东西全部拿掉，结果就发现了他开业的时候要逐步调整来找到一个方向一个地段，包含口味、食材、骨头、蔬菜、水源等，我们要经过这么多的测试然后才能找到让消费者有意愿去尝试的口味，结果店面一开张的时候生意很好。但是大多都是台商朋友前来光顾的，因为在这家店里，我们找到了家乡味，难得能在远离故乡的地方品尝到家乡美食的味道。大家很喜欢，也纷纷前来捧场，开业没多久生意很火爆，但是半个月时间后，生意开始下滑了，本地人不去店里吃了。他就很纳闷，开始去找些原因，去问回头客，然后就找到了一个秘密武器，一放下去之后，每一个人都说好好吃哦，这个东西就是味素，放了味素之后，什么东西都鲜美了，什么东西都鲜甜了，什么东西吃起来都是有滋有味了，就好像现在大家在这个小作坊、小吃店、大排档中狂加味素的结果。另外一个例子就是我们台湾的海蛎煎，在2010年的时候也曾经把台湾一个做海蛎煎的高手大伯引进来，结果他就把桶子、油、酱料、面粉全部带过来福州卖，但是每一个人都觉得超级难吃，味道怪怪的，后来才发现原来东街口开了一家“转角遇到海蛎煎”的山寨店，导致大家熟悉了那个味道，才说你们这个骗子啊，那家东街口才是真的，你们的难吃死了。所以，我们现在很多台商做美食的，都非常气愤，很想证明，也很想展示给大家真正的台湾美食藏在福州哪里，其实非常多。大家都在讲说李儒钦你很虚、很飘，你在做什么东西？我也不知道，我又爱面子，不敢问其他人，就这样死撑了一年，刚来的台商就像我这样，非常爱面子，每次遇到什么事，就自己噼里啪啦地讲整套的道理，很多东西很浮夸，对于很多事情并不了解，在台湾生活久了再到福州这边，由于想法不同造成对两边的文化理解有差异，所以我们就常常在想如何去调整，一年之后，我放慢脚步问了一个朋友，什么是接地气，朋友说就是你要住在福州，你要承认你在福州生活，你搬到福州要做福州的事，你搬到福州你就是和福州人共吃一碗饭，共做一件事，共喝一碗水，我们都是一家人。我幡然醒悟：原来以前我经常和人家讲，我从台湾来的，怎么样，走路很有范儿，我一直在找一个自以为是的方向，现在我终于了解了多年来创业失败的原因，我要接地气，这两年我跟台湾的朋友都是这么讲：我是福州人，我住在福州，你们台湾人来这边就要听我们福州人的话，接受我们的思想和教育，跟着我们，不要搞虚的骗来骗去。我现在终于“忽悠”到 11 个台商进来了，这 11 个台商现在做得非常好，2015 年我还要多加一个任务，就是希望引进更多的台商进来，因为我们的福州有非常多的机会，下一步，我希望带领所有的大学生在创业的路上越来越远，希望我们创业的经验和失败的原因分享给大家，第一，不要怕改变；第二，不要怕挑战；第三，不要放弃做梦；第四，不要跟别人做同样的事情。突破是常态，没有不可能，所以我把这几句话分享给大家就是因为我们在创业的同时，都会遇到这样的困难，现在的社会非常浮夸，我们在创业的过程中很可能遭人家的质疑，甚至唾弃，我在这几年的奋斗过程中，没有一个人看好我，可是我很感谢他们，如果没有他们给了我这些冷言冷语，如果没有他们跟我说这么难堪的话，给我这么不好的脸色，我不会撑到现在，我想证明的是你们看错人了，我李儒钦走到了今天，虽然我换了很多的项目，但我结识到很多的同胞、朋友、学生，也带了非常多的创业团队。说起团队，我就想到每一次去大学演讲的时候，我告诉大家大学生创业不容易，你们不要去做复杂的东西，要去做自己喜欢和单纯的事情，才可以实现非常大的价值。下面分析一个我带的学生的案例，前两年我带了一个农林大学的学生，我是福州大学、福建师范大学、厦门大学的企业导师，目前我也带了几个青年去创业，这个农林大学的学生原本是做文化创意产业的，只是做设计，在大学里很难去分辨任何一个事物，所以我们就帮他定位，找到方向，手把手地带着他们，指导他们在策划书，或者在商机定位的商业模式里面应该做到什么程度，所以我们自己也一直不断地去想这些事情，他也一直不断地去提升，两年前我带着他把他的文化创意产业植入商业里去，第一个是做建瓯莲子，经过设计包装之后，产品价格提至每千克240元，所以我们现在通过农副产品的渠道来帮他去展销；第二个是做龙岩水果的项目，做包装，在“挑战杯”项目中一直去修，我们用一年的时间筹划，我白天上班，晚上应酬，半夜的时候这些学生都在等我进去指导，我带出的团队在大学里现在应该有几百人，其中有很多优秀青年，也包括做家政服务很成功的学生，其实要的是什么？要的是磨炼、执行、提升，以及不断在问题中找到失败的理由。不要去看人家成功的那一刻，一定要往回看人家刚起步的时候，那种苦、那种难，要学习那个失败的点，自己才会少走弯路，这些都是我在这边带了这么多的学生的经验，我自己也在这里找到了定位和方向。

今天，我在福州，我是台商，我很骄傲，我是第一个站在这个舞台上面的，我也代表着今天没有来的朋友，一直在远程看着我的台商朋友，我很感谢政府这几年对我们的政策支持的每一次的宽容，小“三通”、福贸协议、自贸区、开通免签、海西青年节……我们感受到了，我们要发起一件事情让更多台湾的青年来福州、来福建创业就业，我们感受到了那一份真诚，以及很多的优惠和措施，包括很多住房补贴等，我们享受了很多补助。最近，我洽谈了3个项目，即将在月底过来招商，我希望通过这个机会让更多的台湾人在这边发光发热，吃着福州这么好的水，把握这么多的商机，我们要共同发展，我还要留在福州，要跟福州再续前缘，我相信我如果没失败这么多次，绝对不会走得这么远。我刚刚从台下走上来，虽然只有22步路，但是我用了30年的时间，希望各位不要像我一样花30年的时间，希望你们用一两年的时间换回更多的精彩。我的中国梦，就是做一辈子的创业导师，带出更多的创业青年，我在等你，我在福建等你们，有胆量你们就放马过来，我李儒钦双手迎接大家。

张小聪[1]

做羊做牛做马，终成知名“纸匠”

在经济快速发展的当下，创业已不是什么新鲜事，在互联网环境下，创业形态也在不断发生演变，给创业者提供了更加有利的创业环境，普通人也有了更多的创业机会。我是草根出身、白手起家的，我抓住了机遇，顺势而为，为当地的环保产业发展注入新活力，并依托一定的资源和地域优势，进一步开拓市场。前瞻的环保技术，创新的发展思路，完善的“双创”环境，为我的纸匠环保产业发展插上了腾飞的“翅膀”。

① 福建纸匠文化科技股份有限公司董事长。

我用羊牛马三种动物的特征来形容自己多年的创业经验和体会。

草根起家

以一个初中生的身份闯荡“江湖”，初出茅庐时我只是个服装厂的工人，那时的自己就像一只迷途的羔羊。

我似乎从小就与别人的想法不同，当别人还在读书的年纪，我却想“闯荡江湖”。我觉得外面的世界很精彩，我想走出去看看。那个时候社会对我来说吸引力比书本大得多。虽然那时如愿放弃学业开始游历社会，但因为没学历我只能做最基层的工作。

我的第一份工作是服装厂的工人，每天在流水线上做车工。很快，简单枯燥的工作击碎了我的江湖梦，日复一日重复同样的工作让我感到十分迷茫。我想象中的社会不是这样的，我不愿每天重复同样的事情，我想做有自己思想的工作。初中毕业后，我迫不及待地步入社会，想成就一番大事业，那时才惊讶地发现自己一无所知。

任劳任怨苦学设计

很快，我找到了自己感兴趣做的事，我喜欢挑战，喜欢新鲜的事情，所以我迷恋上了设计，那时候我像发现新大陆一样开心，因为我终于找到了自己真正想做的事，并且它能给我带来成就感。但是，只有初中学历，我并没有系统地学过设计，所以只能从头再来，开始一点一点地自学。

那时候一边在服装厂上班，一边学习设计，虽然很累很忙碌，但是我一点都不灰心，坚信自己会成功。终于，我在一家设计公司找到了一份工作，我觉得我距离自己的梦想又近了一步。虽然只是一名画图员，但对于当时来说，我已经很满足了。

这时候的我已经不是一只迷途的羔羊，每天认真学习，努力工作让我觉得自己更像是一只任劳任怨的老黄牛。因为有着做设计师的梦想，我在平时工作中表现得比其他同事更加努力，师傅们也更愿意教我一些东西。那时候，我周一到周五下班之后都会留在公司学习，经常是保安来赶人我才走，周六、周日基本除了吃饭、睡觉都是在学习设计的知识。有一次，我遇到了自己解决不了的难题，本想第二天上班请教同事，但是问题解决不了我始终坐立不安，于是就骑着自行车顶着大雨到同事家里请教，同事也被我感动了。

就是凭借着老黄牛一般的干劲，我从一名普通的画图员成长为一名设计师。

从迷茫到渐渐清晰，我很坚定要成为一名设计师，遇到困难就去学，学习是让自己成长最快的办法。当人生处于低谷时，去反思、去总结，通过学习来提升自己的能力，一个人的精力和时间虽是有限的，但学习是永无止境的。

一个人的学习能力决定了他的成功与否，而能否不断学习决定了成功的持久性。大凡有所为的个人或者企业无不是优秀的学习者。由于自己学历有限，很早就踏入社会，我才更加珍惜学习的机会，还在后期去考取了华侨大学继续深造。现在，我也时常跟自己的员工交流，嘱咐大家一定要重视学习，学会学习，通过积极的学习方式提升自己的能力。学习可以开阔眼界、思路和胸襟，让我们知道差距，知道如何弥补短板。当然，学习不是一蹴而就的，要循序渐进，贵在坚持。

创业艰难不断累积

成为一名设计师后，我又有了新的目标——开一家自己的设计公司。没有开公司的资金怎么办？当时只有3000元钱和一台电脑，我跟房东商量交1000元定金，剩下2000元拿去装修，又"忽悠"了一个朋友跟我学设计，朋友交了5000元学徒费，我就买了一台电脑，剩余的当创业资金。

就这样，我一边积累一边扩大公司的业务，2006年，凭借10年设计经验积累，我成立晋江龙创工业产品设计有限公司，开始没日没夜地给客户做设计。虽然对自己的设计产品有信心，但自己做老板后，所有事情就不只是做好一个产品设计那么简单。打工和创业的差距犹如天堂和地狱，公司刚起步，什么事情都得亲力亲为，所谓的老板都是说起来好听，但实际上做着保姆一样的工作。创业的第一年，公司从上到下的事务都要由我一人来管理。那时候，每天都感到压力巨大。好在，前期的努力让自己不断积累经验，公司的业务越做越大，客户也越来越多，并先后服务过七匹狼、太平鸟、劲霸男装等大型企业。

创业几年来，公司在一穷二白的条件下慢慢建立起事业基石，今天收获的一点成就，靠的就是一种甘于吃苦、锲而不舍的

“拓荒牛精神”。创业成功的因素除了在于选择，更重要的就是坚持。有想法，不去做等于白想；做了一点，不坚持，等于白做；唯有坚持，才能不断收获结果。

我坚持用匠心做好一件事，真正去探索自己的商业模式。凡事亲力亲为，每个细节都是自己抓，要抓得到位，要专注，才能将一件事做得更全面和完美。凭着这种锲而不舍、坚韧不拔的执着精神，我的创业之路一直在稳步向前。

创业瓶颈另辟蹊径

从一个人、一个员工到一个团队，经过多年的发展，公司逐渐壮大，不过也遇到了发展瓶颈。就在公司成立五周年的时候，我决定二次创业，我不希望离开自己喜欢的设计行业。一次，我突发奇想，想用废纸做一个东西，结果就用废纸做了一把椅子。当时只是玩玩，后来朋友随口说，要是办公室的书柜、办公桌、沙发、家里的床都用纸来做，也挺好玩的。说者无意，听者有心。这句话，激发了我，从此我成了一个“纸匠”。

2012 年，我创立福建纸匠文化科技股份有限公司，开创“纸匠”品牌，是中国第一家以环保再生纸为原材料集设计、生产、销售于一体的创意性品牌。从第一家实体店，到各大网络销售平台，在互联网热潮下，紧跟时代，与互联网接轨，不断探索和开拓新的发展渠道。

我用瓦楞纸创造了一个纸的王国，带着自己的团队造了一个个纸做的梦，纸匠也越来越受欢迎。广交会上，众多纸做的椅子、凳子、办公用品，让采购商眼前一亮；童博会上，有纸做的大树、旋转木马，还有大牛、小兔，他们给孩子们带来的是一个纸做的童话世界；还有2015年文博会上，一艘“泉州号”纸船，气派极了！纸匠公司的设计主要以环保的瓦楞纸作为原材料，产品主要有两大类，一类是文创产品，文具、家具、家居摆件、商业定制道具等；另一类是儿童教具。

如果说第一次创业时，我还只是在黑暗中自己摸索，什么都要边学边做，那么第二次创业，因为有了第一次的经验和基础，我显然更加成熟，对创业的方向更加明确，有计划、有目标、有野心。

成功一定要有个性，不要随波逐流，要学会另辟蹊径，走自己的路，选择有前景的项目，这样才能成为创业大军中的黑马。有时候我们需要独辟蹊径才能出奇制胜，互联网时代的创业更是如此，在激烈的市场竞争中，要找到适合自己创业的机会，开辟出属于自己的天地并不容易。因此，在选择创业项目时，创业者一定要用心去选择，洞察市场新的商机，用最独到的眼光看项目，看发展前景。

创业者仅有激情和活力是远远不够的，更要具有独到的眼光和思维。

创业，要做你爱好的和熟悉的

从接触设计到爱上设计，我从设计起家，两次创业都以设计为核心，自己是真正从骨子里喜欢设计的人，能够做自己感兴趣的事情，还能够从中赚钱，是一件幸运的事。

创业都有风险，但如果能够选择自己熟悉的领域进行创业，或许需要承担的风险也会低一些。在当今快速发展的时代背景下，要想创业成功，最好还是选择自己感兴趣、有优势的行业。因为，只有自己感兴趣，才能够愉快地坚持下去，而自己熟悉的领域，对创业来说是有优势的，或许能够领先于别人一些。创业成本也会低一些，成功的概率也会高一些。

初心对于创业是非常重要的，很多创业者都是因为某种初心才开始创业的。初心所带来的原动力和热情可以支撑你度过许多难熬的时刻，能带你在创业的路上走得更远。保有初心，是创业者不可或缺的品质。

共同成长才走得更远

从当初的一个人到现在几十号人的纸匠团队，我把每个员工都当成是自己创业的合作伙伴，每个团队成员都是不可或缺的一部分，大家在一个积极的团队里，一个有共同梦想的团队，相互学习，相互帮助，共同成长，才能建立持久的竞争优势。一个团队就像一艘船，同心协力，船才能走得更远。

一个喜欢独立奋斗的创业者固然可以谋生，然而一个团队的营造者却能够创建出一个组织或一个公司，而且是一个能够创造重要价值并有收益选择权的公司。创业团队的凝聚力、合作精神、立足长远目标的敬业精神会帮助新创企业渡过危机，加快成长步伐。另外，团队成员之间的互补、协调以及与创业者之间的补充和平衡，对新创企业起到了降低管理风险、提高管理水平的作用。一个好的创业团队对新创企业的成功起着举足轻重的作用。

从一只迷途的羔羊到任劳任怨的牛再努力成为一匹黑马，我想通过我的创业经历，以及这些形象的比喻，告诉大家一个道理——坚持用自己的匠心做好一件事。相对于速度来说，一个企业的发展更应该清楚自己的节奏。企业不是赢在现在，而是在10年、20年之后还依然存在的公司才是行业大赢家，坚持下来，不断去超越自己，摸索出一个可持续的盈利模式才是企业发展的核心。

不畏惧困难、辛苦，认真求教，学习专业知识，即使在困难时期也没有放弃，所有这些努力都为企业的发展奠定了坚实的基础，这些也是一个创业者必备的品质。

肖裕长[1]

创业者每天都在跑步

创业，选择很重要

第一，选择项目很重要。

马云说过一句话，当所有人都认可的时候是行业，在大多数人还没认可，甚至排斥的时候你就要懂得介入。因为很简单的道理，一款产品在某个地区市场做得越大，那么剩下的空间就越小，那么你的市场是不是就越小？就是这个道理。常说的创业就是脸书（Facebook）、百度这

① 春舞枝集团董事会主席。

样的高科技顶尖创业，这种创业对经济是最有价值的，因为一个公司能够产生非线性的爆发的成长。这类的创业者拥有与生俱来的品质，是千里挑一的。首先，要有非常强大的执行能力。其次，对产品、用户有很深刻的理解。再次，能够学会专注，不要变成一个聪明人把问题想得太大、太多。最后，有很强的领导力，可以把这个凝聚在一起。

另外，广义上，我们要清晰地划分高科技创业跟自己自力更生、赚点钱的区别。把每一个参与共享经济、每一个个体户都当作一个创业者，这就一定程度达到大众创业的目标。共享经济在我国机会更大。我国市场过去有很多信息的不对称，经过了“互联网 + 移动”，信息打平了。今天共享经济在给互联网创业者提供机会，更多人在这个平台上能够打造很棒的个体。

第二，选择团队很重要。

选择单打独斗还是团队作战，我们不管是选择哪一个，都希望有一个最好的结果，那么今天你一个人是创业，十个人也是在创业，一个人创业的结果和十个人帮助你创业的结果是不同的，各位同意吗？那么同样是忙，你是选择单打独斗，还是团队作战，有很多人帮助你成功呢？答案不言而喻！

一个木桶盛水的多少，并不取决于桶壁上最高的那块木块，而恰恰取决于桶壁上最短的那块。根据木桶原理的核心内容，“木桶原理”还有两个推论：其一，只有桶壁上的所有木板都足够高，那木桶才能盛满水；其二，只要这个木桶里有一块不够高度，木桶里的水就不可能是满的。

选择能重复消费的项目来做的精髓在于：创业者在事业进入稳定期后，能很轻松地退出具体执行，只需要做适当监管的工作，而利润却不会随创业者身份的转变而减少。那么直销可以这样理解：当你做到了公司很高的职位，你要做的就是管理团队，让团队不断创造业绩。并且随着业绩的倍增，哪怕不再参与运作了，但是业绩还在不断倍增。直销产品还在不断地重复消费。

有没有朋友今天牙膏用完了，明天就不买牙膏不刷牙的？是不是没有？

有没有朋友今天护肤品用完了，明天就不买护肤品的？是不是也没有？

绝大多数产品都是每天要用，重复在用，必须要用的产品。所以只有不断地重复消费才可以不断地为你创造利润，如果你销售的产品今天客户买了，他要半年或者几年以后才会再买，那你的利润在哪里呢？当然销售飞机大炮利润是非常高的，但是作为普通人你是没能力去销售的。销售一些大东西呢，他的投资是非常巨大的，你也投资不起。所以作为一个普通人你去做生意，所选的产品面对的人群越广越好，他们重复消费的次数越多越好。

第三，创业环境很重要。

先审视一下我们的需求是不是有足够的人群。有时候一件事情我们还是要顺势而为，而不是逆势而为。找错渠道对创业的挑战是很大的。

在我国的创业环境中，诸如市场机会、文化和社会规范、政府税收优惠、有形基础设施等方面我们拥有一定的优势地位，但是在金融支持、研究开发转移、商务环境和创业教育等方面差距仍然很大，这些都成为制约我国创业活动的重要瓶颈因素。

首先，金融支持。

创业企业的资金来源主要有三种途径：一是私人权益资本，包括自有资金、亲戚朋友借贷和引入私人股权筹集资金；二是创业资本融资；三是二板上市融资。一般而言，在创业企业的早期阶段，主要以私人权益资本和创业资本两种形式为主。从全球范围看，创业的金融支持最主要的来源是私人权益资本，只有以色列是一个例外。我国在创业活动中几乎看不到创业资本的部分，我国创业的金融支持最主要的来源是包括自有资金、亲戚朋友投资或其他的私人股权投资。

政府的创业政策是激励创业的政策，地方政府在制定政策时把新成立和成长型公司放在优先考虑的地位。我国初创企业的税务负担比较低，而且，创业企业面对的税务和其他管制是相对稳定的。我国地方政府对新成立企业优先扶持，而且税收政策方面也是明显优惠于其他国家的新创企业，但是，政府政策的劣势方面也很明显，一是政府通过直接扶持促进创业方面低于均值，对新公司的成长起不到积极作用；二是新公司的审批成本高，对该项的评价值已经接近均值水平。因此，在政府直接扶持、中央政府政策制定方面和新企业审批效率方面我国还有差距。

其次，政府项目。

政府项目支持作为创业环境的独立要素，是政府政策的具体化。政府项目不限于提供资金和政策支持的项目，尽管这是我国政府项目的基本形式。政府项目还包括政府为创业提供服务、支持和帮助的组织。我国在政府提供资金和政策支持的项目方面有明显的优势，例如，我国的科技园和孵化器对创业的贡献就比其他国家和地区大得多，这是我们在政府项目上的优势，应该保持。但是，在政府为创业提供服务、支持和帮助的组织方面，我国明显处于劣势地位。

一是教育和培训。教育培训是创业活动得以开展的必要条件，也是创业者将潜在商业机会变为现实的基础。我国在教育与培训方面相比处于落后水平。在所有关于创业教育的问题上，我国的水平均较低。其中，差距不大的方面是在中小学教育方面。我国的中小学教育中对鼓励创造性、自立和个人的主动性方面，在提供关于市场经济的知识方面，以及在关注创业和创办公司方面与国际上先进的国家和地区相比差距很大，但是，基本上仍处于中等水平。商业、管理教育方面的水平与创业类的课程和项目方面，我国与其他国家和地区却存在明显的差距。

二是研究开发的转移。研究开发的转移过程是否顺利，从结果上看是考量研究开发转移是否实现了商业化，但是，从过程上看，是考量创业是否有效率，创业者能否抓住技术和商业机会。我国的研究开发成果能更好地从发源地通过创业企业向市场转化，且创业企业在接触新技术、新研究上与大企业具有相同的机会。我国表现出较强的科技基础，具备对于支持个别领域的创业企业成为世界水平技术型企业的能力。比较落后的方面是研究成果转化的条件差，无论是企业的承受能力，还是政府的资助方面还不能满足创业过程中研究开发转移的效率要求。我国研究开发成果的转移工作应该有针对性地重视改进转化条件。

在知识产权保护方面，我国比较落后。知识产权法规的制定和实施难以产生有效的效果，非法销售盗版软件、音像制品等的情况还非常普遍，这也使得新创公司很难相信它们的专利和技术能得到有效的保护。

再次，进入壁垒。

我国的市场正处于双高时期。一是市场的增长率高，每年的市场都在不断扩大；二是市场的变化率高，产品更新快，产业成长和衰退快。因此，对于创业企业来说，在我国目前的市场环境下是一个难得的机遇。

最后，文化和社会规范。

我国的文化和社会规范中，对个人创业持积极态度。我国的文化中提倡鼓励自立，鼓励人们通过个人努力取得成功，也鼓励创造和创新的精神，面对创业的风险，鼓励创业者承担相应的风险。因此，我国的文化有利于个人创业。在我国的文化中，对于创业中个人与集体的关系处理上，尤其是个人责任与集体责任的关系上有不足的成分，个人在分清责任、承担责任而不是混淆责任和推卸责任上，应该有更明确的合理取向。

创业，目标很重要

第一，创业必须有明确的创业目标。

要想创业就必须对自己有一个深刻的认识，并且定期反省自己本身是否发生了变化。这句话说起来容易做起来难。很多人到了两鬓斑白还没有正确认识自己，也有很多人到了临终的时候流下伤心的眼泪，心中怨悔“世界很精彩，但我却白活一世”。无论你是创业者还是普通的打工族都应该给自己定个目标。目标可以是长期的，也可以是阶段性的。我们都是凡人，所以目标也要切实可行，别太虚了，要清楚目标是自己的不是给外人看的。

“如何实现目标?”很多人都有着投机的心理，其实实现目标和吃饭一样简单。谁都不可能一口就把饭吃完，也不能一口吃个胖子。所以你没有耐心去等待成功的到来，那么，你只好用一生的耐心去面对失败。

“我有能力实现自己的目标吗?”这一个问题可能最为致命，事实上，正是由于很多人没有客观正确认识到自己的能力，而导致无法实现目标。因为很多人无法实施他们制定的目标，所以实现目标必须从自有资源、个人的能力以及目标的实际性这三个方面进行评估，从而做出最坦诚的能力评价。

第二，勇于面对挑战，有进前三争第一的拼劲。

“世界第一高峰是哪座山?”我们会立刻答道：“珠穆朗玛峰。”那世界第二峰呢？没人知道，书上也没见过。“第一个进入太空的人是谁?”“加加林”，大家都知道这个答案，但是没人敢回答，因为下面的问题会是第二个进入太空的人是谁。而这个问题的答案几乎没人知道。所以，人们总习惯了记住第一。屈居第二与默默无闻毫无区别。特别是在当今这样一个竞争的社会，处处充满竞争的生活环境中，什么事物都在和其他事物较量。从创业来讲，争取第一就像是一种信念，一种对自己的执着与肯定，正是抱着这样一种永不愿退步的信念，创业者才能迈出坚定的一步，抢占市场的先机。

第三，创业的最终目标就是做品牌。

一流企业做品牌，二流企业做市场，三流企业做产品。我们创业的最终目标，就是打造世界级的品牌。中国的企业需要做品牌吗？是一定需要的。加入世界贸易组织已经许多年，越来越多的跨国企业进入中国的市场之中，它们哪一个是无品牌支撑的跳梁小丑？要想在越来越多的巨人面前活下去，并且活得不那么累，就一定需要品牌力的支持。这里我们说做品牌，并不一定是说投入大量的人力、物力去构建一个空中楼阁；我们要做的品牌也并不一定会投入很多，我们要做的其实很简单，就是要深刻地发掘企业所独有的品牌内涵，并且将这内涵放大，深刻到企业的经营之中。

创业，坚持很重要

第一，创业初期，没有条件时一定要坚持。

《西游记》中的唐僧在去西天取经途中，面临自然界的险山恶水，财色气欲的诱惑，普天下的人都知道吃了唐僧肉可以长生不老，他随时都有生命之虞。每遇一难，都足以使他精神颓废、意志消沉，放弃去西天取经的念头。这是上天有意安排对他的考验。但他虔心向佛，不畏艰难，一心一意去西天取经，凭着自己坚强的意志、坚定的信念和惊人的毅力，历经九九八十一难，每到关键时刻，都能把握住自己，经受住了来自方方面面的严峻考验，战胜了一个个艰难险阻，不管是刀山火海还是荆棘遍地，他都能挺过来。看来，团结人也是一种本事。唐僧西天取经之所以成功，还在于他对事业的执着追求。为了实现自己的奋斗目标，艰难险阻未能使他望而却步，风花雪月没有使他意志消沉。他具有坚定的信念、无畏的意志、顽强的毅力、不屈不挠的性格、持之以恒的精神，能忍耐，有韧劲，不为外界任何不利因素所左右、所诱惑，战胜了自己，最终也战胜了敌人。

第二，遇到困难时，更要坚持。

有一种葫芦形老式爆米花机，师傅一边拉着风箱一边用摇柄转动这台“神器”，到时瞄一下装在爆米花机端的压力表……开锅前，向周围吆喝一声“爆米花啰”，算是“警示”。随着“嘭”的一声巨响，一团白烟升腾而起，热气腾腾的爆米花便装满了麻袋，散发出诱人的香气……人们最终能够吃上香甜可口的爆米花，就是在于师傅对传统手艺的坚持，因为师傅的不懈坚持，“神器”坏了就拿去修理，压力不够就检查锅是否漏气或者是力道不够……所以不管遇到什么困难，他都能让玉米炸开成花，并将这份技艺传承至今。

第三，当有了一定的成就时，我们更需要坚持。

2014 年 11 月 1 日，第十二届全国人民代表大会常务委员会第十一次会议通过设立国家宪法日为 12 月 4 日，2015 年是我们的第二个宪法日。企业的制度就像是企业的“宪法”，有了制度，企业发展就能更规范，企业才能走得更远，企业也才能做得更大、更强。

创业，价值很重要

第一，首先要满足个人需求，实现个人价值。

创业是一种生活状态，是选择的一个过程，而为之奋斗的过程就是一条实现自我价值、兑现自我价值的很有效的路。对于创业者而言，创业都源于伟大的梦想。创业的原动力肯定来自渴望实现自我价值，人在实现了自我价值的基础上，才会进一步期望为社会创造更大的价值。

第二，为股东创造效益、为客户提供服务，实现企业的价值。

在市场经济条件下，资本是企业的灵魂，投资者的决策决定着企业的发展状况。回报股东投资，体现的是股东的利益、股东的期盼，也是投资者投资企业的价值所在。客户对企业服务的满意度，直接影响着企业的发展前景。企业通过服务手段、服务技术和服务模式的创新，追求企业价值与客户价值的一致性，为客户提供增值服务，同步提升客户价值与企业价值。

第三，传承品牌文化，实现企业的品牌价值。

真正国际化的企业，其核心在于企业的价值观，真正国际化的品牌，其核心在于品牌的价值观。一个国际品牌的背后是企业的文化在推动，有这种文化才能得到消费者对品牌的真正认可。决定企业优胜劣汰的关键性因素是“文化”的内涵和素质，企业在市场上的竞争，最后显示的实力绝对是文化品位。优秀的企业文化是企业科学、持续、和谐发展的动力，也是企业提高创新力、凝聚力和核心竞争力的不竭源泉。一个成功的品牌应该是品质与文化的有机结合。将无形的文化价值转化为有形的品牌价值，把文化财富转化为企业竞争的资本，是品牌文化建设的终极目标。

创业，学习很重要

第一，超越对手。

世界的竞争格局发生了根本的变化，过去是大鱼吃小鱼，今天已经发展到了快鱼吃慢鱼的时代。企业竞争的核心，已经从学习力的竞争转化为学习速度的竞争，你只有比你的竞争对手学得更快、更好，才能具备核心竞争力。

第二，超越自己。

最初我们学习的目标是提升自己，赢得对手，而最高的学习境界是超越自己。大学给予我们很多的学习机会，让我们对很多事物从不懂到懂，提升了我们的文化水平。到了步入社会的时候，我们应该怎样去提升自己？从大学里学会的东西毕竟有限，社会中事物在不断地变化发展，这就要求我们时刻地学习，不断地提升自己。很多人由于照搬人家的东西，看似是学到了很多东西，但是由于学到的东西根本就不能结合自身的情况来做一定的改变，既耗损了自己的精力又没有得到实际上的提升。而也有些人却总是高估自己，认为什么都不需要学习。还有一些人，总是在观察着对手，通过学习对方、研究对手从而根据自己的条件不断改进提升自己，超越自己。这样的学习方法，我们称之为“创新学习”，这种学习方法是学会借力而上，敢于提出质疑，既要学会接受知识，同时也要学会拒绝知识。

申 强[1]

趁着青春大家创业去

我是来自厦门美亚柏科的申强。很荣幸和大家分享美亚柏科的创业故事。美亚柏科从事的是一个新兴的行业，叫电子数据取证，主要是协助公安机关破案的。美亚柏科是厦门本土成长起来的一家公司，成立于 1999 年。和所有电脑公司一样，我们攒过电脑，连过局域网，做过系统集成，做过网站，做过大部分电脑公司做过的一切业务，这之后我们找到了自己的方向，进入了电子数据取证领域。

---

① 厦门市美亚柏科信息股份有限公司总经理。

当时这个领域是一片真正的蓝海，“蓝”到没有同伴，没有朋友，当时国内的行业情况我可以用一片荒芜来形容。连从事此方面研究的学者都很少，更别说做此方面产品的企业了，我们是国内最早涉猎此行业的企业。目前，全世界范围内从事电子数据取证行业的上市公司屈指可数，其中最出名的是美国的 Guidance Software Incorporation（GSI），按股票市值来讲，我们的市值比 GSI 还大，所以不谦虚地讲，我们是世界上做电子数据取证规模最大的企业。

托尔斯泰说过，幸福的家庭都是类似的，不幸的家庭各有各的不幸。创业成功的结果都一样，公司规模扩大，挣钱盈利，但创业艰辛的历程却各不相同。我想大家来这里也是想听听不同的创业故事，励志也好，总结也罢，也算有所收获。

美亚柏科在创业的过程中也经历了自己的酸甜苦辣，刚才说到我们进入了一个过分“蓝”的蓝海，“蓝”到没朋友，确实没竞争，但是也没参照，能找到的技术资料特别少，国内几乎没有。那个时代国内的互联网还没有这么发达，网上信息还没有这么丰富，维基百科都还没有诞生，不像现在万能的互联网，无所不知无所不晓，外事问谷歌，内事问百度。当时网上几乎查询不到什么取证技术的资料，国内也很少有这方面研究的文章，获取一手资料基本上靠出国参加展会，参加研讨会等。我们同事出差都带着相机，因为当时的手机还没有摄像头，用相机把会议的展牌、资料拍下来学习，到现在我还觉得手机带摄像头是某个和我们有着一样伤痛的人发明的。靠着这样的点滴积累，我们不断学习创新，走出了一条从吸收引进到二次开发再到完全自主研发的路。2010 年以后我们大部分产品都拥有自主知识产权，公司目前申请专利 203 项，其中发明专利 88 项。

创业初始，团队经常在一起学习交流，头脑风暴，往往越聊越兴奋，睡不着觉通宵达旦是常有的事儿。我们的第一个产品原型是在软件园的地下车库里手工打造的，现在还保留在公司，作为公司创业的见证。任何一个 IT 行业的创业没有地下车库是不行的，为什么这么说呢？乔布斯的产品是在车库里搞出来的，麦克戴尔的产品是在车库里搞出来的，美亚柏科的产品也是在车库里搞出来的。产品出来了，如何推销给用户呢？我们的客户比较特殊，门口戒备森严，进不去，我们的团队就住在酒店，在酒店租个小会议室，将产品陈列出来，请老客户介绍新的客户过来，我们有时候一天就有七八场讲解。

团队的辛勤汗水浇灌了美亚柏科的创业之花，从我们的创业过程我有一些感悟分享给大家：最重要的是创业者心态，创业的过程需要构想，需要理想，需要目标，需要计划，需要步骤，需要创新，同时需要一种精神和心态。就像电视剧《亮剑》中李云龙在他的论文里写的除了战略、战术、装备之外，战斗指挥员还要具备一种藐视敌人、敢于亮剑的精神，创业除了资金市场产品模式等硬的要素外，很重要的一个要素就是这种创业心态。这种创业心态是“我要做”而不是“要我做”的心理状态，创业者的心态就是不需要别人告诉你，你就能出色地完成工作。具备这样品质的人，世界会给你以厚报，既有金钱也有荣誉。

创业难，创业累，这个大家都知道，要独辟蹊径，选择蓝海，没有先例参照就更难更累。但是正如马云所说，“舒服是留给死人的”，创业者就应该是做好准备面对一切困难的人，应该千方百计地克服困难不断向前。

创业心态还体现在屡败屡战的执着和锲而不舍的坚持，美亚柏科也曾经几易方向，越挫越勇，不断地调试，直到选对方向。举一个事例来说明坚持对创业者有多重要。我们在 1999 年为公安系统研发了一个搜索软件，当时公司只有不到 20 人，公安部派一个处长下来验收，给我们评价特别高，说填补了国内空白。当时对我们的激励特别大，我们从此就把自己的主业锁定在公安系统了，为什么呢？因为在这里我们能填补空白。公安部的处长回去以后和其他与公安部有合作的公司讲了，那么小一个公司，缩在祖国东南角的一个小岛上，人家都能填补空白，你们为什么做不了？结果很快就有两家公司也拿出了自己的产品，这里恕我不提另外两家公司的名字。其中有一家在当时就已经是名满天下的上市公司，当时我觉得那家公司的博士生可能都比我们的员工多，所以人家实力确实非常雄厚，不到两个月就完成了研发，拿出了自己的产品，另外一家也是和公安系统合作多年，市场资源很好的公司。一时间市场格局是三足鼎立，我们的优势是有经公安基础实践检验的，最稳定的产品。上市公司胜在公司实力和企业形象，另外一家公司胜在市场资源，应该说各有长短。但是，三年之后，上市公司放弃了这个项目，不是人家做不好，是当时市场太小，不入上市公司法眼；另外一家公司现在已经不存在了，连名字都没了。而我们坚持了近16年，将这个产品发展成为现在我们的网络舆情导控平台，服务于全国近5000家客户。所以坚持是创业者必须具备的第二个品质。

另外，我想说的是重视思想的火花，重视微创新，一个小小的创意可能带来巨大的收益。我举一个我们产品的例子。电子数据取证行业有四个必要的步骤：只读、复制、分析和仿真，历来这四个步骤都是由分离的四个产品来完成的，只读有只读锁，复制有复制机，分析有分析软件，仿真有仿真系统，所以警察要去电子数据勘验现场必须带这四样工具去，后来我们把这四个功能集成到一台设备上了，像笔记本大小的一台专用设备，从此中国网警去现场只要提着一台设备就可以。这个产品面市以后特别受客户欢迎，当时我们将这个产品命名为“取证魔方”，现在行业内有一类产品，只要是这四个功能做到一起的都叫“取证魔方”，连老外的也叫“魔方”，不管外形的差别。目前这个产品发展到第三代，全国共销售2000多套，还出口到国外，累计销售收入可观，并且使我们在业界声名鹊起，可谓是“名利双收”。但这是个很大的发明吗？不是。那怎么会这样？我也不知道，美洲大陆就在那里，谁去都能发现，也不是多难的事儿，可是就哥伦布做到了。

所以我们特别关注微创新的创意，公司每年都有“金点子”活动征集员工的好主意好想法，各业务中心都有自己的针对微创新的奖励政策。我们还和厦门大学一起成立了以我们已故董事长的姓名命名的“刘祥南微创业基金”，针对微小的创意给予初步的支持。

最后一点分享给大家的感悟是合理地借助资源助力，事半功倍。举个事例来说，我们自己孵化的一个项目——安全狗，简单地理解就是服务器上的360安全卫士。2010年我们的一个骨干员工受360安全卫士的启发，想要出去创业，我们听了他的项目后，一方面舍不得青年才俊，业务骨干；另一方面也觉得项目确实不错，于是我们说服这位员工留下。美亚柏科在信息安全行业里面沉浸多年，各方面资源都有一些积累，在内部孵化会更有利于项目成长，后来经过几年孵化，这个产品目前在全球服务器装机量超过237万台，排名第一，2015年上半年估值超过两亿元，完成了B轮融资，融资4000多万元，成为我们孵化最成功的一个项目。

通过这个孵化项目，公司也受益匪浅，所以更加重视这方面的工作，我们的企业文化就非常鼓励创新意识，我们的办公环境里面布置了很多科技玩具，比如，会跳舞的机器人、扫地机器人、体感控制器、飞行模拟、虚拟实景的眼镜等，但这些都不是美亚柏科的产品，我们放这些东西是想让员工保持对科技持续的好奇心和探索的兴趣，这是企业创新的源泉。同时公司也设立了“青果创客汇”吸引好的项目入驻，“青果”的意思就是“青出于蓝，终成正果”。

现在整个环境非常有利于创业和创新，2014年李克强总理在达沃斯论坛提出“双创”概念，近年国家也出台了很多扶持政策，整个社会都在旗帜鲜明、大张旗鼓地提倡创业创新。我相信我们的创客朋友只要有好的想法，以创业心态做事，长期坚持，重视微创新的改进，并且巧妙地借助外来资源的推进，就一定能取得成功。

网上看到一句话：年轻人，你这么年轻，不去创业，不去旅游，不去接受新鲜事物，整天挂着 QQ，看着微信，逛着淘宝，拿着包月的工资，干着不计流量的工作，过着一成不变的生活，干着 80 岁老人都能干的事儿，你要青春干什么？

所以，年轻的朋友们，趁着青春，创业去，祝大家成功。

林奕[1]、钟华夫妇

浪漫爱情撑起创业路

从最初的艰苦创业，到创办及发展绿河谷公司，羊爸和羊妈走过了不同寻常的12年，如同破茧成蝶一般，完成一次又一次艰难而美丽的蜕变……

羊妈林奕是“70后”，是龙岩土生土长的本地人，从小在农村长大，也吃过不少苦。因为母亲去世早，小时候特别懂事，主动承担起照顾家庭的责任，学习成绩也很好，父亲几乎没怎么操心。大专毕业以后一直在快销品行业工作，在这

① 林奕，福建绿河谷农牧有限公司董事长。

个行业摸爬了多年时间，积累了很多经验，受到老板的器重和信任，职业前景广阔。

一次偶然的聚餐机会，羊妈认识了同龄的羊爸钟华，从此两人结下了不解之缘。

羊爸出生在一个畜牧师家庭，由于从小接触畜牧业，很快嗅到羊产业未来对绿色肉类市场的巨大需求，迫切渴望发展南方羊产业事业。羊爸对于羊妈有着别样的情愫，羊妈在经过慎重考验之后认为羊爸是个有担当有责任感的男人，是一个值得托付终身的男人。2003 年羊妈下定决心，毅然放弃从事了多年的行业、事业，那里有许许多多的人脉，也积累了好多人所得不到的经验。当时没有资金、没有经验，这个想法也遭到了双方家人的反对。重重阻力并没有阻挡两人创业的决心及对梦想的追求。当时身无分文的羊爸羊妈用借来的 5000 元钱，从北方引进了第一批羊，试养成功，在得到一些经验的同时，也树立了信心。于是他们又借了 5 万元引进了第二批羊，有 100 多只。由于是北羊南调，羊儿出现了水土不服的症状，免疫力、体质下降，口疮、感冒、拉稀……导致羊儿一只接一只地死亡。就在羊儿只剩下 17 只的时候，他们终于找到了解除羊儿水土不服的“中草药疗法”！但是，此时，投入的 5 万元也亏损殆尽了！

与此同时，艰难放养的过程让羊爸羊妈认识到，放养不是集约化的方向，管理上有局限：羊放养在外面，可能会发生很多无法控制的情况，例如走失、生病不被知道、被人抱走等。

羊爸羊妈意识到，未来做大产业必须改变模式。经过一番探素，他们决定采用牧舍结合（半放牧、半圈舍）的集约化科学养殖。给羊儿专门打造了高高的羊栏，让羊儿住上“别墅”。“别墅”内部，高于地面木质地板有一道道空隙，羊儿粪便顺着空隙掉落在地，这样羊舍总是保持清洁，空气新鲜。围起来的“运动场”让羊儿吃饱喝足后尽情撒欢，健康不生病。

科学养殖解决了羊儿的管理问题，也大大提高了繁殖率、存活率、出栏率和经济效益，规模很快就扩大了！

创业路上，夫妻二人同心协力，温情互勉

“在那些艰苦的日子里，听到他那些朴实动人的情话，感受他点点滴滴的温暖，真的，一切的辛劳，都值了！”羊妈说。

放羊的日子，每天都要面对一整日的忙碌，上午基本没有喘息时间。到了下午放羊时，羊妈才略微悠闲点。到了这时候，他们会找个坟头，并排坐下。羊爸钟华时常会摘一两朵小野花给羊妈，并说道：“老婆，让你辛苦了。以后一定让你有车子、有房子，不是像现在这样放羊。”

羊爸钟华是个细腻体贴的男人。每到冬天晚上，羊爸会拿一个玻璃瓶，灌满热水，用毛巾包上，放进被窝。等被窝暖热了，让羊妈进去躺着休息，而自己去巡羊舍，十点多才回来陪她。

品味世上最美味的花生

在探索半圈舍养殖之初，曾面临冬天羊的饲料问题。那时候，秋季的 9 月，正是农民收花生的季节。放完羊，十点钟后，

夫妻二人就要驱二手老爷车去田间收花生秆。一把一把地把花生秆扛出来。没干过农活的羊妈，宁可咬牙坚持，每次也总要多扛一些。

收花生秆时，羊妈经常把农户残留在花生秆上的花生收集进兜里。傍晚回来满满两大兜。用水洗净蒸熟，配上山下杂货铺买来的便宜水酒，夫妻坐在屋里小酌。

“老婆，这是世界上最美味的花生。”羊爸这声朴实的感叹，也成了羊妈心中最美的情话。

夫妻双双重返课堂充电学习，创新经营管理

在山中三年养殖生涯之后，走出大山的羊爸羊妈在城里成立第一个门市，招聘了第一个员工，从此开始接触管理层面，进而实现了从个体创业者到企业管理者的完美蜕变。

公司成立之初，对于羊爸羊妈来说，对未来路如何走还很模糊，如何管理员工，如何打造品牌，如何……都是一头雾水。一次偶然的机会羊爸得到了两天“天行健”的培训体验课，两天课程下来，羊爸感觉找到了方向，以前对管理员工很模糊，听完感觉清晰了很多，羊爸隐约感觉到，如果要做好企业一定要“名师指路”靠自己摸石头过河是很难的，当时公司户头上只有三万多元，而学费就要两万多元，羊爸特别纠结，羊爸跟羊妈商量，没想到得到了羊妈的全力支持，于是第二天羊爸把公司户头上仅有的三万元拿出两万多报了名，有人说：“钟华，你咋这么傻呢。”羊爸坚定地说：“这是我急需的投资，我相信一定会得到更多！”

每次在“天行健”学习完后羊爸都把当天上课的内容分享给羊妈，让羊妈也一起学习成长，并共同探讨。为了提高公司团队总体经营管理水平，羊妈也报名参加“天行健”的学习，并安排核心骨干到“天行健”学习，目前绿河谷农牧公司已有3个总裁班学员，2个职业经理人班学员。

学以致用，对内打造员工发展平台，对外打造产业链

在参加学习后，羊爸羊妈立志要把企业做起来，做大做强，并把它打造成吸引人才、发展人才的一个好平台。羊妈认为，要吸引人才，就要让员工发展。将所学知识学以致用，羊爸羊妈开始着手打造自己的企业，不仅形成配送、业务、客服等五脏俱全的团队，并且建立一整套人才机制，形成绿河谷特色的企业文化，打造出了一支具备强大学习力和创新力的一流团队。

不仅如此，从2007年至今，在羊妈的坚持努力下，连续八年的“大学生暑期精英特训营”，给绿河谷公司培育了源源不断的后备人才。

在实现山羊养殖规模化后，为了解决羊肉难卖的问题，不受羊贩子的价格操控，羊爸羊妈二人不断拓宽创业路子，从养殖、加工到销售，不遗余力地打造产业链。从羊饲草颗粒料的发明、种羊肉羊的养殖、新鲜羊奶、肉羊的生产及熟肉制品加工，到“羊世界连锁店”创新销售模式的产业化链条，打造了福建省首个羊产业链经营企业。

山羊在南方圈养的技术问题解决之后，其产业化发展的另一

关键环节就是加工。因为，羊肉有膻味，食用时去膻比较麻烦，如果烹饪不当，难以被人们接受和喜爱。要充分打开羊肉销售市场，关键在于解决食用方便和美味的问题。为此，羊爸羊妈与龙岩学院闽西食品研究所合作开发特色风味冷冻调制羊肉加工技术，开发出“特色风味冷冻调制羊肉系列产品”，并研究和编制了产品企业标准，该加工技术在省卫生厅获得了法律备案。

由于该产品感官品质独特，具有新颖性，很快得到了市场的认可。另外该产品标准具有先进性，有 11 项指标严于 SB/T 10379—2003，特别是增加了水分、蛋白质、钙、铁、锌的理化指标的要求，优于其他同类产品，感官和理化指标达到国内领先水平。以上成果所申请的国家发明专利两件已获了受理，通过省级专家鉴定，技术总体水平在同类研究中达国内领先水平。该技术的扩大、推广和应用，对闽西的羊产业链延伸和产业升级有很大的现实意义。

随着一步步的创新开拓，绿河谷公司也走上了快速发展之路，也逐渐获得了业界的肯定和好评。2011 年，绿河谷公司被奶业协会评为 2010～2011 年度先进企业单位 。2012 年获评福建省名牌农产品。2014 年获得龙岩市知名商标，福建省著名商标称号。

12 年的不平凡创业历程，羊妈以自身不断地努力以及超强的学习创新能力获得了业界的一致肯定，也给她带来了数不清的荣誉。

2011 年被福建省奶业协会评为先进个人；

2012 年被评为“全国就业创业优秀个人”并在人民大会堂接受国家领导人的接见；

2013 年被评为“创业中国年度杰出女性人物”；

2013 年任龙岩市女企业家商会副会长。

创业路上不断创新，给企业植入互联网基因，将羊产业发挥到极致

互联网时代下，经济在转型、市场在转型，消费行为、消费习惯在转型，羊爸羊妈深切意识到农业企业的发展也必将经历一场变革！这一切对于绿河谷而言意味着依靠原有传统模式来获取企业健康发展的日子将难以为继。无论是现在还是将来，4 亿多“80 后”“90 后”绝对是市场的消费主力，未来的消费是属于年轻人的，只有掌握了年轻人的消费习惯和喜好，才能把握住未来的商机，绿河谷未来是一个以羊产业为主结合互联网思维构成多元的产品模式体系，有附带产品、引流产品、品质产品、品位产品，打造中国羊产业企业的一大特色！

第一，开创农业新模式——羊村模式

“‘互联网 +’带来销售模式和渠道的转变，我们必须迎头跟上，用互联网思维给企业带来新的发展空间。”从前年起，羊妈急迫地感觉到发展“互联网 +”的必要性，开始探索“农业互联网 +”的新路子。在全新的互联网思维的洗礼下，绿河谷公司又一次脱胎换骨，实现了从传统农业到“农业互联网 +”的

再一次蜕变！

2014 年开始，羊爸羊妈参加了互联网专家的互联网转型课程，通过积极努力地学习，感受互联网思维，了解互联网模式，使用互联网工具，进行企业互联网基因改造。羊妈“互联网 +”思维的运用，其中一个成功案例就是羊村模式——把羊村打造成“农业互联网 +”的新模式。

所谓羊村模式，就是通过亲子体验项目，导入教育资源，让羊村成为孩子们的户外农业课堂，形成了集“农业生产 + 教育培训 + 观光体验 + 美食”为一体的新互联网思维下的农业模式。

第二，创新商业模式，开创羊肉火锅配餐服务。

移动互联网时代的到来，人们的生活方式也在发生着变化，越来越多的年轻人喜欢在网上购物，久而久之已成了习惯，而线上订餐服务也悄然来袭，羊爸羊妈看到市场先机，突破传统思维、横空出世，本着集成火锅传统工艺，创新火锅便利模式的原则，羊肉系列全套菜系及火锅用具一应俱全，为客户省去备料及洗涮的烦恼，随时随刻想吃就吃，为客户带来全新的火锅外卖体验！让客户足不出户，轻松坐享美食！用极致的羊肉品质、快捷的便利模式，创造完美的用户体验，让羊世界绿色美味在时下快节奏的城市生活中焕发新的活力。

第三，创新销售渠道，成立微推团队。

网络时代，互联网成了各种信息传播的载体，而微信营销无疑是目前较新兴的一种。羊妈在微信营销方面不断探索，在原有的销售渠道基础上建立新销售渠道——微信营销，目前组建了一支100余人的微推团队，吸纳了众多忠实客户成为企业的代言人，通过微信朋友圈向更多的客户传递有价值的信息，实现绿河谷品牌力强化或产品、服务销量增长。

创业之路充满艰辛，但羊爸羊妈相信，羊产业前景是光明的！面对目前的成功，羊妈并未满足，望着生机勃勃的绿河谷农场，羊妈豪情满怀地说道："我们会让羊产业走得更远，未来我们将把羊村推向全国！我们会坚持一直走下去，把羊产业做得更大，走得更远，也必定能产生更多的价值！感谢国家和党对我们创业青年的利好政策！"①

---

① 本文经演讲者速记稿改编而成。

第七章

“双创”开启承上启下新征程

许洪波[1]

技术变革、渠道重造、分享经济

在过去几个月，我听腻了一个词，叫作“资本寒冬”，这完全是胡说八道，资本没有温度，资本只会逐利。巴菲特老先生说得好，“众人贪婪我恐惧，众人恐惧我贪婪”。今天我想非常大声地告诉大家：现在是整个人类历史上创业最好的年代，我们是最幸运的一批人！

为什么我敢这样说？从 2015 年开始，我有幸参与了全球各地的创客年会，例如美国的硅谷、西班牙的巴塞罗那、新西兰的奥克兰、印度

① 创大创始人兼董事长。

尼西亚的雅加达。令我印象非常深刻的是，今天的中国是全世界创新、创业最火的国度，全世界都在关注、讨论中国的大众创业、万众创新，都在关心一个话题——中国在过去30多年从一个落后的农业国家，变成世界第二大的经济体。通过中国政府的顶层设计和大力推动，中国能不能再用10～20年，变成一个伟大的创新驱动的国家？全世界都在为中国鼓掌加油。

当然，毋庸置疑，硅谷依然是世界上创新的重要引擎。可是在这里，我想和大家分享我的两个亲身经历。2015年3月我受邀参加了巴塞罗那通信展，我发现在巴塞罗那旁边的一个只有5万人的小镇，有一个只有50个人的公司，他们做了一个新引擎，但是在全世界有8万多个客户。2015年11月，受新西兰总理的邀请，我参加了中新创新论坛，我非常吃惊地发现，这个不到450万人口的国家，在他们的首都惠灵顿有一家公司Zero，这家公司是全世界最大的管理软件的提供商，惠灵顿只有40万人口，而这家公司给全世界超过20万家的中小型企业提供解决方案，这家公司的市值超过20亿美元。

我想说明一个什么问题呢？创业目前是一股全球性的热潮。在美国、欧洲、大洋洲，甚至非洲，都有那么一股全球创业的浪潮。是什么驱动了这股浪潮？是什么驱动了全世界人民都来创新创业？有三个非常大的驱动力：第一是移动互联网这种颠覆性的技术带来的变革；第二是技术变革，你不在中关村，不在硅谷，在深圳，在广州，在尼日利亚的小渔村，都可以重构渠道；第三是先分享经济，再去重构整个的商业逻辑和商业结构。这三大潮流可以令我们重新想象一切，重新定义一切，这对在座的各位创业者，尤其是对各位大学生创业者意味着什么？

第一，对于在座的大学生，我想最重要的是去拥抱这个变化，投入这个伟大的变革中去。在过去几年里，我投资了一批行业内比较著名的创业者，比如，18 岁辍学创业的礼物说的创始人，他利用几年的时间把公司的流水做到 5000 万元，估值超过 12 亿元。还包括总理接见的“90 后”创业团队兼职猫的创始人。我想说的是：你们看到这些人在台上的一面，但是你们没有看到他们在台下的另一面。余佳文是我见过的最敬业、最努力的孩子。在我们孵化的过程中，余佳文的整个团队早上 9 点上班，第二天凌晨 2 点下班，没有春节，没有国庆，没有任何节假日。当时在市场打仗的时候，他整整一个月没有回过家，天天睡在办公室里面，把自己都睡臭了。后来因为他的事情，我们要求所有孵化器都要配上茶水间。所以在今天的这个时代，大学生有机会成为下一个比尔·盖茨，成为下一个扎克伯格，你们需要的是激发你们的热情，发挥你们的天分，就一定会取得非常好的成绩。

第二，从 2015 年开始我不再说这是“90 后”的创业了，因为“90 后”也会老。但是令我更加欣喜的是，“70 后”和“80 后”的企业家已经卷土重来，他们通过移动互联网焕发了第二春。未来 5 ~ 10 年，我相信不再会有一个公司是做电商企业，未来的经济一定是线上的虚拟经济与线下的实体经济无缝地融合，为用户提供 360 度全方位的个性化体验。这给我们广大的传统行业，尤其是消费业，就是和人民的健康、教育、出行、旅游、金融、汽车服务紧密相关的各行各业也带来了机会。这些传统的企业家在过去会非常焦虑，他们有成功的经验，但是他们受到了经济危机的冲击。从2015年开始，我们扶持了一批“70后”和“80后”的企业家，他们在传统经济方面非常有实力，也有非常好的独到的见解，他们今天通过拥抱移动互联网，去重新设计他们的商业模式，重构整个商业渠道，从而大大地提升了传统渠道的效率，加快了整个产业的升级转型的速度。硅谷创业的平均年龄是37岁，乔布斯重回苹果，发明iPhone和iPod的时候是45岁，雷军成立小米公司是42岁。我们认为中国今天整个的实体经济，依然是“70后”和“80后”的，如果我们用移动互联网和“互联网+”激发他们的创业热情，激发他们的创造力，给他们插上转型的翅膀，中国的经济就会转型，中国就会有接下来伟大的20年。所以我们应该为那些依然在奋斗，依然具有雄心壮志的“70后”和“80后”鼓掌，为他们加油！

第三，今天的创业浪潮，会为各位带来什么样的变革与影响。下一个10年，我们可以通过“一带一路”，把“互联网+”推广到全世界。首先，过去10年里，由于极度恶性竞争的环境，造就了全世界最好的用户体验。其实我个人认为，中国的移动互联网，不管是技术产品，还是业务模式，都大大超越了硅谷。比如说支付宝的体验大大超越了ebay，ebay还是基于网页和插件。我在美国见到的每一个技术人才，无论他是谷歌的，或者是Facebook的，都说过一句话：微信是一个现象型的产品，说“伟大”都说谦虚了。他们自己讨论的时候说：“我们美国的微信在哪里?”在过去20年里，中国从包括日本、美国在内的国家引进了很多的技术和产品，那么我们觉得在未来的10年，将是中国面向全世界输出移动互联网技术和产品的10年。

未来全世界的价值洼地在哪里?不是中国，不是日本，不是美国，也不是欧洲，而是拥有30亿人口的众多亚非拉国家。我们相信我们有机会用中国的创新去帮助全世界，尤其是帮助亚非拉的30亿人口，帮助他们获得社会进步和科技跨越。这是赋予我们在座的每一位创业者的伟大使命。举两个例子，在互联网时代，谷歌通过搜索连接了全世界的网页，造就了全世界的互联网公司；Facebook通过联系人连接了全世界的人民；未来的移动互联网将连接人与人、物与物。在互联网时代，会产生比谷歌、Facebook和今天的BAT大10倍，甚至大几十倍的公司，我希望这些公司就在各位的身上!

我们创大有一个非常疯狂的梦想，我们希望连接全球资源来培养和互换未来5~10年的商业领袖。不到半年的时间里，我们孵化器的分公司、服务、运营已经覆盖了全国超过7座城市，2016年初把整个服务体系拓展到洛杉矶、奥克兰等国际城市。我们希望创业者加入我们的孵化器，加入我们的体系，在创业非常艰难的“从0到1”的过程中，我们可以并肩作战，培养出血浓于水的友谊。我们希望把创新创业的梦想传承下去。我们希望用互联网来做这个事情，用互联网加速整个创业的进程，用互联网把创业变得更简单。

在整个人类历史上，创业是非常苦的工作，也是非常传统的工作。我们需要找到合伙人，但我们会发现找合伙人，可能比找老婆还难；我们做产品，不知道这个产品有没有人用；我们做推广，最后用资本放大，这个事情非常传统，从 2 个人做到 500 人的团队要多久？在微信上可能是 20 分钟。我想说明的是互联网打破了组织结构的边界，打破了时间和地域的界限，让一群和你一样充满梦想的人共同创造、共同创新、共同传播，这就是互联网的力量。所以有了我们的微信公众号——中国好创业，这个公众号在不到三个月的时间里，已经有超过 20 万创业者和他们的粉丝，是微信创业类第一大公众号，我们希望中国好创业也能成为像中国好声音一样的舞台，为那些有天分、有梦想，但是缺乏平台的人，提供一个展示才华的舞台，用中国好创业，用 Inno-Hub 把大家连接在一起。

有人说创大是一个孵化器，的确我们是在做孵化器连锁运营；有人说我们是投资公司，这也没错，我们在过去 3 年，所投资项目的 70% 都拿到 A 轮和 B 轮，这可能是中国最好的成功率。但是从本质上来说，我们是一个互联网公司，我们希望用互联网来帮助每一位创业者，去用互联网把创业变得更简单。所以从这个角度来说，我们可以说是一个创业大学或是一个创新大学，但是创大就是创大，创大以创为大！当年延安有一个抗大，培养了一批杰出的抗日将军，我们希望通过创大培养中国和世界未来 5 ~ 10年的商业领袖。所以“要创业来创大”！

徐　卫[1]

创业需要情怀

20世纪三大科技成果——创业契机

20世纪人类有三大科技贡献：阿波罗计划、原子弹计划、人类基因组计划。人类基因组计划通过基因检测，发现了肿瘤内的一个抑癌基因，这个基因叫作p53，这个基因一旦失去其功能，人就会得癌症。美国科学家有一个实验证明当老鼠的p53基因被切除掉，半年之后就会得许多种肿瘤。1979年，美国的科学家因为发现了这个基

① 深圳市赛百诺基因技术有限公司总裁。

因而获得了诺贝尔奖提名。但是要把这个基因变成药品，来为肿瘤患者进行治疗或者是预防性的治疗却非常艰难。赛百诺的科学家团队经过十多年的奋斗，通过坚苦卓绝的努力，终于在 2003 年，获得了全球第一个基因治疗药品——“重组人 p53 腺病毒注射液”，这是全世界第一个获得批准上市的基因治疗药，如同 19 世纪青霉素被发现的时候，带来了一个化学药品抗生素时代，那么第一个生物药、基因制药的诞生，而且是诞生在中国，其里程碑价值不容小觑，具有划时代的意义，这也是生物基因时代的一个开创性的成果。

20 世纪 90 年代中国参与了人类基因计划的 1%，从而步入世界基因行列。谁曾想十几年后，中国的基因药品形成产业化及基因治疗效果 100% 领先世界。这个了不起的创造就来自深圳市赛百诺基因技术有限公司团队。

全国人大常委会副委员长、我国重大新药创制的掌舵人桑国卫院士曾经说道：“赛百诺创造了两个世界第一：第一，世界上第一个基因治疗药，至今西方没有一个可相媲美的基因治疗药物上市；第二，世界上第一个基因治疗的 6 年随访结果问世。”这是对赛百诺创业团队的高度认可。

做一块基石，让基因抗癌成为创世纪的里程碑，用梦想创造未来，在挫折中沉淀和坚守

“20 世纪，人类有几个重要的科技成果，基因的解密赫然在列。而基因的解密又推动着科学家去研究如何利用基因来治疗

疾病，探讨基因和人的关系、和生物的关系、和植物的关系。21世纪，人类如何利用生物基因的特性来改变我们的生存方式和生活方式，以及我们的环境和生态，已经成为一个重要的课题。”1991年“下海”，曾经是一名医生的我这样认识我们正在做的事情。

《人基因治疗研究和制剂质量控制技术指导原则》——这部目前中国基因制药生产的基本技术规范是根据“重组人p53腺病毒注射液”的生产实践过程草拟制定的。该标准已由国家药监局于2003年3月正式颁布实施，是目前我国基因治疗药物研发和产业化必须依照执行的行业标准。经中国SFDA（开发援助特别基金）同意，该指导原则的英文版全文也在*Biopharm International*杂志上首次向全世界公开发表，供全球同行参考，成为中国为全球制定的一份重量级的技术标准。在生物基因领域坚守多年，我们已经见证了多项这样的第一。

但是，基因生物医药创新是一个艰辛的行业，“在欧美等发达国家，一种新药的研发需要‘十几年时间和十几亿美元资金’，在这种投入下，可能还有99%的失败率”。目前，在中国使用“重组人p53腺病毒注射液”的专家已达1000多名，并成立了由300多名三甲医院肿瘤治疗专家组成的临床专家委员会，参与基因肿瘤治疗药物在临床上的合理应用的进一步研究。同时，研究院还吸引了3位诺贝尔奖获得者加入，共同研究基因在临床领域的应用。

我们每个人的基因都需要管理，科学证明多种慢性疾病均由基因突变所致。在大数据时代，如果能够形成巨大的基因数据库，这对人的疾病规律的研究将是非常重要的。在这个过程中，我们能够知道如何在基因层面去解决问题，包括疾病的发生、预防、诊断等。

目前，赛百诺已经在深圳、北京、成都、无锡、普洱开展建立了生命健康医养综合体。如果赛百诺基因医药企业在大数据时代占据优势，建立大型健康综合体，实行对人体健康的管理，从医院的板块延展到对人体健康的管理，这将是整个健康综合体的布局。

在近20年的时间里，我和公司团队一直在坚持，同时一直在艰难地放弃，现在不是说我们去选择什么，而是说我们应该选择怎么放弃，其实最难克服的就是怎么放弃，就像我们做生物制药，现在有很多的省（市）开发区、高新技术园都可以给予我们非常好的条件。但是我们真的有那么大的精力去圈地吗？真的要为了圈地而去耽误很多专注于我们企业层面的东西吗？在做减法的过程中间，我们也收获了很多。正因为我们放弃了很多机会，赛百诺才有了一定的沉淀，在生物基因的圈子里，也有了一定的专业高度。

我们是一个企业，同时又是一个产业，我期待的是一个国际生物谷的诞生。在这样一个集群平台，企业之间通过合作形成战略联盟，同时也可以形成延展到全产业上的转化医疗格局。转化医疗格局是非常重要的，否则生物医药就只能停留在基础研究上，很难实现产业化，或者说即使实现了产业化也没有竞争优势，很快又会被取代。

1998 年，“重组人 p53 腺病毒注射液”进入Ⅰ期临床试验，被列入 863 计划生物技术领域中的试开发项目。

2001 年，“重组人 p53 腺病毒注射液”展开Ⅱ期临床试验，随后“重组人 p53 腺病毒注射液生产车间”开始筹建，并被列入国家“十五”重大科技专项。

经过近 20 年的跋涉，注册商标“今又生”获批生物制品一类新药，“今又生临床试验患者 p53 基因变异与临床疗效的关系”被列入 973 计划。

……

由于大部分肿瘤的发生和发展都与 p53 基因突变有显著关系，“重组人 p53 腺病毒注射液”治疗肿瘤的基本机理就是把正常的 p53 基因通过改造的五型腺病毒载体带入肿瘤细胞，代替原细胞中突变的 p53 基因，从而使肿瘤细胞的生物学行为转为正常。对于不能逆转的肿瘤细胞，“重组人 p53 腺病毒注射液”可以诱导肿瘤细胞程序化死亡；“重组人 p53 腺病毒注射液”还可以和其他治疗肿瘤的方法联合应用，增加肿瘤组织对于放疗和化疗的敏感性，成为继手术、化疗、放疗三种传统治疗肿瘤方法外的第四大治疗方法。

目前我们赛百诺联合全球的基因人一直在努力，除了肿瘤治疗，还重点关注基因突变的管理预防性的基因治疗，而不是等到癌症已经发生了，我们再去做抑癌基因的治疗。还有心脏病、糖尿病、衰老的基因治疗。赛百诺现在是用领先全球的基因药在发展产业，我们利用公司在载体技术上的优势，瞄准全球2000多个即将上市的基因药，把已经在FDA（食品及药物管理局）到了临床三期，欧盟也到了临床二期的生物药进行参股、合作。将它们引入中国也是我们的一个创业方式，对于生物药的研发10年都是一瞬，有时候需要两代人的努力，所以我们找到在临床二期以上的产品来进行联合，也是我们的一种创投。所以我们也非常感谢各级政府一直以来对我们这样的企业，在创新道路上的支持，没有它们的支持，可能我们的企业早已经没有了。也感谢中国的基因人，一直以来和我们挽手而行，经过这么漫长的科研道路，才有了今天的全球基因时代。

2006年，《时代周刊》对我们这个事件有这样一个描述："试管上滴出来的是人民币。"其实在10年前，《时代周刊》已经从这件事情上看到了中国10年以后的发展，是这样描述的，"这些生物技术领域的发明将改变我们的生活方式，并将确定中国作为科学超级大国的地位"，当时我真的觉得很搞笑，但是10年后的今天，当我们创新创业的浪潮席卷全国的时候，当我们这么多创客聚精会神地听老一代的创业者讲创业的心路历程的时候，我想问大家，这个时代有没有到来？

其实我觉得全球都很难有这样的机会，这种浪潮的到来，让我们觉得自己不再孤单。确实，这些生物技术，将改变一个时代，同时也改变我们自己的人生道路，所以我也非常幸运。十多年前，我们就选择了一条极其艰难的创业道路，也许在那个时候，并不知道道路是那么艰难，但我们还是走到了今天。

下面我想分享一下这么多年我们创业的心路历程，因为任何一件事都不是那么简单的，尤其是生命科学。首先我想讲激情，我觉得激情是一个创业者需要用一生去燃烧的一种创业精神。记得我是在29岁那年辞职，我当时的生活非常平静，拿国家的工资，住国家分配的房子，不需要奋斗，不需要操心，那时候我的小孩4岁，但是在我心里涌动着一种激情，我觉得如果我还继续这样活下去，我活着和睡着没有区别，所以我就想，我一定要走出去。那时候，辞掉工作，退掉国家分配给你的房子，是一个非常大的问题，就是你没有办法回头。在这样的情况下，我依然义无反顾地把工作辞掉，卖掉所有家当，把孩子托付给老人，带着卖不掉的高压锅等只身来到了广东。当轮船离开岸边，看见孩子和老人渐渐远去的身影，我才突然发现，我除了口袋里的激情和冒险，就是两眼越来越多的泪水。但是路还是要一步步走下去，所以在此我特别想用我的行动告诉所有的人，当你走出去的时候，就是要义无反顾。因为在我“下海”的时候，很多朋友也都选择“下海”，都是请了病假，但是我发现他们最后都回去了，就我一个人，因为我没有房子住了，所以我只有坚持。我希望大家既然选择了，就要义无反顾。

其次想给大家分享的就是坚韧。大家更多听到的是坚强，我们要坚强，我们要坚持。但是我想告诉大家的是“韧”，为什么人家说女人创业成功的案例是非常多的，就是她身上的韧性，“韧”比“坚”更重要，我记得柳传志说过“宁弯不折”，我很认同这个观点，我认为很有哲学道理。我“下海”之后辞掉了工作，国家补偿了2000多块钱，我也做了很多的小型创业项目，只要能够自己创造的，我都做过。经过两三年的努力，有了一点小小的积蓄。在5年之后，我们花了很小的代价，终于拥有了一家小小的濒临破产的传统药厂。我发现，我们生产的药品真的连一瓶矿泉水的利润都没有，全是低水平的重复的仿制药，那时候我就一直在想，如果我有契机去升级、更新、转型，是不是有可能改变这种状态，至少改变企业的状态。那个时候，我们把几个破产的中国药企进行整合，当企业有了小小的盈利之后，就大胆地、冒险地走入美国的资本市场。那时候人家说："这个徐卫肯定是一个疯子，中国的资本市场都走不进去，还跑到美国去上市!"那时候我们有路演，从欧洲到美国，一路走过去，突然发现认购已经超额了，我都觉得是很神奇的一件事。回到中国我还是不相信这是真的，当钱到了香港的账上我也不相信，我就觉得这不可能。一路走来，真的是非常艰难，非常艰苦，这种多少次卖房子抵押掉房子，包括亲人的房子，都无一幸免，好在我们又从美国资本市场拿回了钱。那一刻起，我就立志要做创新药，一定要做一个有中国尊严的创新药！因为那时候有一件事触动了我，我的妹妹在30岁的时候得了肿瘤，进行化疗治疗，在那一刻我才真正知道化疗对人的摧残有多大。之后，我就一直瞄准世界上最先进的生物制药，我们联合了中国的基因专家，基因基础研究工作者、院士，包括许多的临床专家，一起在黑暗中探索。每一点的进步都要得到全球关注者认可，因为这样的创新药不可能是中国人说了算的，在那时候，如果美国人不开口，你在医院就不可能顺利使用，所以我们感觉到了这种艰难，但是只有用水的精神，才能把这个事情坚持到底，兼容并蓄。水在冰点以下会比钢还硬，而在高温下又柔软平和，无缝不入、无自成形、水滴石穿。

曾经我们有8年的专利之争，因为在创业初期，我们没有经验，没有把知识产权管理好，以至于我们公司在这个问题上，形象地说都快死一万次了。但是我们最后取得了胜利，这给我们的教训实在是太深刻了，所以在这里也特别希望各位创客，不仅要学习专业的技能，还要学习创业的模式，公司的治理结构，包括知识产权的管理，这都是国际化的战略性管理。成败得失有时是一瞬间的事情，我们一定要做一个正直的人，选定正确的道路，做正直的事，服务大众，服务更多人，让自己的理想更高远，用信念支撑自己这颗心。

最后，我再讲隐忍，因为这也是我这么多年来的感悟。要成就一个伟大的企业，隐忍是必不可少的。最近获得诺贝尔奖的科学家的名字是什么？屠呦呦。请问她年龄多大？80岁。创业的时间多长？从1969年开始的，那时候不是私人的创业，而是整个国家的，500多个科学家组成的创业团队。为什么这么长时间我们才认识她？我想在这里告诉大家，做我们这一行，一定要有隐忍的修为，就像老一辈的科学家一样，用科学的精神，一步一个脚印坚实地走好每一步。在此，我想和各位创客说最后一句话，“创业需要情怀，有情怀才有使命和坚持”。

黄源浩[①]

无创业，不人生

我是深圳奥比中光科技有限公司的创始人。回国创业到现在还不到3年，但已经经历了太多酸甜苦辣。如果让我用一句话总结我的创业体会的话，那就是“无创业，不人生”！

创业好比开一艘小船，在惊涛骇浪中拼搏，随时有被巨浪打翻的危险。但是你是这个船的船长，可以让这艘船向着你的梦想出发，到达后也许会发现一座宝藏；就算没发现宝藏，你在沿途看到的风景也是独一无二的，那是以前从未见过

① 深圳奥比中光科技有限公司董事长兼首席执行官。

的美好的风景！打工正好相反，你是坐在一条平稳的大船上，大船被打翻的机会不大。但你仅仅是一个乘客，没有办法决定船的航线，看到的景色也是普通大众能够看到的那些。对大部分人来说，打工是一个更靠谱的选择。那么，是什么样的动力让我决定回国创业的呢？是我内心深处的一个梦想，一个中国梦——我要让“中国创造”成为世界的主流！

我在国外待了十多年。在这十多年里，我去过四个国家和地区，看到太多印有“中国制造”的产品在国外的超市里充斥着，但是我很少看到“中国创造”的产品，或者是“中国设计”的产品在国外流行。另外，在与国外朋友交流的时候，我能明显感觉到他们对中国的印象，基本上都是停留在“山寨”的水平，很少有人会觉得中国有很高端的技术，有很原创性的东西。中国人非常聪明也非常勤奋，中华民族是一个很优秀的民族，我们不比世界上任何其他民族差。泱泱大国，怎么可以给别人以“山寨”的印象呢？这是所有旅居国外的华人心中的痛，也是所有中国人心中的痛，我们这一代人，一定要努力改变这种看法！所以2013年初，我带着我的几个小伙伴，毅然决然回深圳创业！

我们做的事情是三维传感。通俗地说，我们做的是机器人的眼睛，或者说是物联网、智能硬件的眼睛。传统的摄像头是二维的，它把三维空间的信息压缩到二维空间，信息、身高、腰围等物理量都丢失了；而我们这个传感器可以完整地还原整个三维世界。我多高，肩膀多宽，手臂多长，这些都可以看到。这是机器视觉上非常重要的一个基础传感器，将带来机器视觉、人工智能的质变。未来可穿戴设备、机器人、智能硬件等都将受益于三维传感器而变得更加智能。

这么重要的一个领域，国外巨头当然不会放过！目前微软、英特尔、谷歌、苹果、索尼等公司都已经在研发三维传感器，并已经量产了一些带三维传感器的设备，包括平板电脑、手机、体感游戏系统、增强现实头盔等。另外三星、LG、德州仪器等公司，也都在研发三维传感器，但还没有发布量产产品。而中国半年以前还没有任何一款量产三维传感产品能跟国外巨头竞争。我们非常担心，如果不加大在消费类三维传感领域的投入，将来中国又会出现出口一大集装箱的衣服、鞋，最后换回来几个三维传感器的局面。所以我们奥比中光的使命就是要在三维传感、人工智能领域，与苹果、微软、英特尔等国际巨头竞争，我们要做得比他们更好，要在这个领域超越他们！

经过1000多个日日夜夜的奋斗，目前我们的产品已经量产了，我们传感器的大部分性能参数都优于国外竞争对手，很多国内外大公司都在向我们采购，订单已经超过1个亿，客户包括国内的乐视，国外的谷歌、亚马逊、微软等。现在我们非常自信，在三维传感领域里面，我们完全有能力胜过国外大公司；而在基于三维视觉的人工智能领域，我们也有很大机会能够做到全球领先。

在中国，有一个暂时很难改变的观念——国外牌子的产品应该会比国内的同类产品好！我想跟大家说的是，中国的很多产品，其实已经做得不比国外差了，我们的华为，我们的BAT，以及我们各个行业的龙头企业的很多产品已经能媲美国外，价格也优于国外！我们中国人一定要好好支持中国产品，支持中国的企业，一起努力让中国企业更快具备世界竞争力。我相信三维传感及人工智能领域将成为国际高科技竞赛的主战场。我非常希望国家能够在这个战略发展领域多投入，个人也要多支持民族企业。通过我们一起努力，中国有可能在未来的科技竞赛中弯道超车，领跑世界！我相信这也是大部分中国人的一个梦想！

创业是一种非常难得的人生经历，无论胜败输赢，这份经历是没创业的人永远体会不到的！对我来说，如果没有这段创业经历，我的人生就不完整！所以，我认为除了激情与隐忍，创业最需要的是“勇气”。

很多人都很想创业，很想做一些自己认为有价值的事情。准备工作做得很好了，资金也初步准备了，技术也有了，但是到了要最终跨出创业这一步的时候，很多人都退缩了！他们经常顾虑会不会最后失败了？失败会不会很没面子？会不会回不到原来的工作岗位了？所以很踌躇，心里打鼓。其实我想和大家说的是，创业没有那么复杂，就和追女朋友一样，只有大胆去表白，才有成功的机会；大胆表白后再好好谋划投其所好加死缠烂打，基本就成功一半了。如果最终失败了，大不了再追一次，实在不行，就多换几个女生追，最终总是可以追到的！只要有勇气迈出第一步，你就成功了一半！

说了这么多，估计还是有些人勇气不够，那我再分享另一条心得，那就是“创业没有失败”。就算我创业搞得很差，公司倒闭了，但是在创业的过程中，没有人可以帮我，我拼命想办法解决各种各样的难题，我要自己思考和解决的问题比打工的时候多了很多，所以在这个过程里，我的能力肯定会得到很好的锻炼。以我本人为例，现在我一年能抵过去五年用，所以在这个角度上，创业是没有失败的。就算企业倒闭了，你也学到了知识，提升了能力，也没有什么不好的。

当然有人说你是没有失败，你自己学到能力了，但投资人的钱打水漂了，你是不是没对投资人负责？确实会发生这样的情况。我们所有人都应该讲诚信，当然不能只考虑自己，不考虑投资人的利益。所以我当时和我的天使投资人是这样说的，“各位投资人，我自己相信这个事我是有很大的把握做好的，但是万一真的做不好，企业倒闭了，我承诺我的下一个企业将免费给大家股份”。有了这份共赢的理念及表态，投资人很赞赏我的态度，也非常支持、信任我。这3年来，他们都是只帮忙不添乱！对投资人我们要共赢；对风雨同舟一起拼搏的公司同事，我们就要更看重共赢。我们设了一个很大的股票池，每个对公司有贡献的同事都会被奖励股份期权，实现共赢。另外，无论在公司里、公司外，诚信都是非常重要的。我自己尽力做到的一件事就是保证在公司说的每一句话，都是发自内心的。不是发自内心的话，就不要说，纯忽悠的事是没有意义的。最牛的忽悠就是讲真话！

如果你还是不敢出来创业也没有关系。在你现有的工作岗位上以创业创新的精神去做，不要想“这不是我的事，这是公司的事”，只要你以主人翁精神去做事，去解决问题，需要你做的你就做，需要你去学的就去学，以认真的精神和心态做事，其实你也是在创业。我想李克强总理说的大众创业、万众创新，强调的应该是其精神实质，而不一定是你非要跳出来开个公司。

中国梦，创业圆！过去3年，我们用自己的行动，在践行着这句话，各位创客朋友们，如果你们像我一样，心中有一个中国梦的话，请马上行动，现在是创业的最佳时机！我们一起让“中国创造”成为世界的主流！让我们的人生因创业而丰满！

封昌红[①]

情怀和激情是维系热情的关键

3 月 10 日全国“两会”期间我们在纽约时代广场做了巨幅广告“MAKE WITH SHENZHEN”，与深圳同创造也是我今天的分享主题。当这则彰显中国创新力量的广告在国际创客圈疯转的那一刻，我觉得特别欣慰，当我知道 2015 年 6 月 18 日来参加深圳国际创客周的 500 多个国际创客中有许多是看见那则广告来到深圳的，我也觉得特别欣喜！

其实，同样的主题在这一年里我讲了不下数

① 深圳市工业设计行业协会执行副会长兼秘书长。

十场，而最让我记忆犹新和感到自豪的两场都是在美国，一场是2015 年 1 月 5 日美国新年的第一个工作日，深圳市政府在旧金山举办开放创新峰会，那一天恰巧是1 月4 日李克强总理造访柴火空间的第二天，我还记得在演讲中当我提到总理提出了大众创业、万众创新的发展战略时，台下掌声一片，那天来的全是大咖。著名的赫芬顿邮报说中国的城市正在变为硬件硅谷，说的就是深圳，也就是在那个峰会上我们跟美国未来研究所签署了在深圳设立开放创新实验室的合作协议。另外一场就是 2015 年 8 月 6 日，我带深圳创客小伙伴儿去波士顿参加国际微观装配实验室年会，在波士顿音乐厅有近 2000 人参会的第 12 届年会授旗仪式上，我以我 25 年前作为一个软件工程师的身份来到深圳，参与并见证了这座城市从制造工厂变为设计之都再到如今的创客之城的故事赢得了场下长久的掌声，当接过旗子的一刹那，我为深圳骄傲！我为中国自豪！这是一个超过 78 个国家参与的全球 FABLAB（微观装配实验室）的创新盛会，2016 年 8 月 8 ~ 14 日将在深圳举办，欢迎小伙伴们来深圳与国际创客交流对话。

最令我激动的是 2015 年 10 月 19 日我受市政府委托带队参加全国双创周北京主会场活动，深圳有 12 家机构参展，占到参展数量的 11%，我们有 6 个创客空间和 6 个创业先锋企业参展。我见到李克强总理，把深圳创客地图给他时，他连声说好，当我说我们把 MIT（麻省理工学院）的 FABLAB 引到深圳并将和他们联合开发 FABLAB2. 0 为未来个性化智能制造探路时，总理说：“我知道 MIT 的 FABLAB，很好！”那一刻，我真的为深圳创客感到骄傲和荣耀！

2015年，我来深圳已整整25年，也是我加入深圳义工整整20年。从打工到创业再到行业推手，总有朋友问我，为什么你做什么事都可以做得那么有激情并且能够做得那么好。其实，我的秘诀只四个字：情怀、坚持。只要你有情怀，就一定会有源源不断的激情面对困难；通往理想的路上真的没有救世主，你一定要相信自己，朝着目标，坚持下去，就能成功！在10年的推手生涯里，总是听到老外们说，你们中国没有设计，只会复制。我们当然有设计，我们当然会创新，为了证明这一点，我和我的团队苦苦为之奋斗了10年，直到今天，我们仍在努力！2010年，当我们向代表着世界风向标的伦敦百分百设计展组委会递交参展申请时，被拒三次，原因很简单，他们认为中国没有设计，只有抄袭。后来我们坚持不懈地阐述参展理由，不惜追到波兰赶在最后一次评审会再次陈述，评审团终于被我们的诚意和坚持打动了。2011年，我们如愿以偿，实现了中国参展零的突破，连续5年参展反响巨大，2014年和商务部共同将深圳馆升级为中国馆。这个故事还有升级版，那就是在深圳连续举办3年的国际工业设计大展已经成为全球工业设计第一展，有望超越伦敦！中国人真的是最有坚强意志和民族自豪感的，有创新的地方就一定有中国人！

在我内心始终有一个信念，也是我的中国梦，那就是一定要让世界看见中国的设计，看见中国的创新！我坚信，在过去的工业化时代中国始终在跟随别人，而在如今新工业革命的创新版图上，一定会有中国人的地位和话语权。前不久看了一篇文章，说的是如果把工业4.0比作一个人，那么美国就是这个人的大脑，德国是心脏，中国是四肢，在我看来，这个大脑里必定左脑是美国，右脑是中国，心脏里也一定有个心室是中国的！

然而，作为创客推手，我也看到了如今创客热潮中存在的问题，比如说创客空间比创客多，创客被误认为创业，怎么办呢？他山之石，可以攻玉，两年来我几乎走遍了国外知名的创客空间、孵化器和加速器之地，我们不妨看看全球范围内那些成功的创客空间是怎么做的，那些空间都长啥样。美国总统奥巴马把MAKE FAIRE（美国Make杂志举办的全世界最大的DIY聚会）放到白宫举办，并把每年的6月18日作为美国制造复兴日；TECHSHOP是当今最有影响力的商业化的创客空间，会员制，收费不菲，他们最牛的有两点：一个是把空间门口的乞丐变成了创客，另一个是他们的创客做了一颗小卫星，并跟NASA（美国专家航空航天局）合作把小卫星送上了天；NOISEBIRIGE是最具情怀的公益性的创客空间，全部免费，他们给我介绍的时候是充满激情跳着舞来介绍的，那是发自内心的对这个空间的无比热爱；BIO CURIOUS是生物极客空间，他们发明了DIY的可以打活体细胞的3D打印机，他们成立不到两年就被商业杂志《FASTCOMPANY》评为2014年度最具潜力的公司的第九位，而TWITTER（推特）排在第十四位；INDIEGOGO是美国第二大众筹平台，他们提供了更为便捷地对中国创客的服务，他们跟我们协会已经建立了紧密合作，其实我觉得咱们还真的差一个这样专业的众筹平台；HIGHWAY1 是全球最大的供应链公司 PCH 做的硬件加速器，为苹果和小米提供供应链服务，年产值 80 亿美元，他们的运营总部就在深圳，信息中心就在我们中芬设计园；H&F 是两个工业设计师创办的硬件加速器，他们更懂如何让产品变得有温度；ROCKETSPACE 是如今最牛的软件孵化器，3 年孵化了 3 个超过 10 亿美元的公司，其中一个就是分享经济的典型案例 UBER；AUTODESK 和 GSVLAB 都是软硬件孵化器，在这样的孵化器里一定会更加有创意灵感；特别要提的是 MIT 的 FABLAB 开源平台，这是麻省理工学院比特和原子实验室创始人尼尔教授创办的，他是一个计算机学家和物理学家，他是一个非常有情怀又很执着的科学家，他创办 FABLAB 就是希望为普通人提供一个低成本的制造原型的实验室，他认为在数字化革命时代，每个人都可以把自己想做的东西给制造出来，2001 年他在 MIT 做出由美国国家基金会支持的第一个 FABLAB，现在全球有 600 多个 FABLAB，每年一次年会。其实 FABLAB 的意义不仅仅在于这个实验室本身的设备和物理空间，更大的价值在于全球的网络，尼尔教授说未来的 FABLAB 将是一个改变世界产业格局的创新社区。

他山之石，可以攻玉。我想只要我们以开放的心态向先进学习，我们就能改进和完善现状，比如说我们的创客空间都能根据自身的优势来定位，并且结合当地的产业优势来布局，那么就能够吸引、培养和带动更多的创客进入，也可以避免同质化竞争的尴尬局面。

作为推手，我当然要推介一下深圳，这座美丽、年轻、充满活力的城市。而30年前深圳还是另外一个样子，如果没去过华强北就不算来过中国，可以说华强北就是山寨的代名词，MIT的尼尔教授这样评价深圳的山寨，“山寨是快速微创新，而正是这种微创新正在改变着世界”。尼尔教授2014年第一次来深圳时，他就爱上了深圳，他喜欢华强北，于是他把2016年的FAB12放在深圳举办，他也把FABLAB2.0的研发和制造交给了深圳开放创新实验室。为什么国际创客都会青睐深圳？因为我们拥有厚重的制造业、完整的供应链、强大的设计力量和丰富的天使创投和风险投资资源，我们的政府也高度重视创客发展，设立了每年2亿元资金支持创客发展，使我们拥有创客发展的生态体系。深圳是中国第一个设计之都，工业设计排名第一，我们举办了全球最大规模的国际工业设计大展，这些国际顶级的设计大师都入驻在我们中芬设计园，意大利天才设计大师乔·凡诺尼、芬兰国宝级设计大师库卡波罗、美国设计巨星凯瑞姆、设计界奥斯卡德国IF设计大奖的亚洲总部，还有全国首个海峡两岸青年创业基地也在这里。

其实，深圳之所以能够吸引众多国际创客，能够被外媒誉为创客天堂，除了拥有完整的创新生态体系外，我们这3年也一直在不断推动、打造创客之城。

张云飞[1]

分享五个“以为”经验

既然说创业，肯定要说一说梦想，我们的梦想是什么呢？古往今来，上下五千年，当人类面对着茫茫大海的时候，除了感受到震撼，更多的时候，感受到的是一些茫然、无知，或者是畏惧，我们的梦想就是通过无人船去改变人类与海洋的关系。为了这个梦想，我已经开发了五代无人船的样机。第一代无人船的样机，是我昨天晚上做的。

但是第二代的无人船其实是我中学时候做

① 珠海云洲智能科技有限公司首席执行官。

的，目前被摆放在深圳实验学校的手工教室。我从小就对做船有非常大的兴趣，这个兴趣逐渐发展成为我的爱好，进而做了第三代，是一个军舰模型，这个模型获得了深圳市比赛的第一名，也上了深圳市电视台。我非常高兴，只可惜是我父亲接受的采访。

上大学之后，我和我的同学利用业余时间，继续做船模。到后来，我们就做出了一个可以在水面航行，并且可以自主避让障碍物的真正的无人船样机。这个样机在全国 20 多个省得到了应用，这个项目也帮助我们获得了中国创新创业大赛的全国总冠军，非常荣幸上了中央电视台。当然，这次是我亲自上台接受采访！我父亲坐在电视机前。

就这样，我们开始创业了。我们把小时候的梦想、爱好，逐步做成了我们的事业。创业之后，我们继续做着我们的无人船，2014 年我们发布了领航者号，这是一个填补国内空白的海洋高速无人船平台，可以在海上跑得更快、更远，可以用雷达、声呐去感知周边的环境，进而做到全自主无人地航行，帮助我们去执行很多危险的、枯燥的、艰苦的任务。比如说搜救——马航航班失踪，我们的救援船开过去三四天才能到达现场，如果用飞机空投无人船，就不会错过事发后三四个小时的黄金时间。所以未来无人船在海上有很大的空间和作为，也引来了国内很多的关注。特别幸运的是，在一个月后，我们获得了向李克强总理汇报无人船项目和我们创业过程的机会，并得到了总理的鼓励。非常开心，一个小时候的爱好发展成为有机会实现我们梦想的事业。

我觉得创业的过程中，最重要的词是“创新”，下面我想通过两个案例，来分享一下我们对创新的体会。

第一个案例，我相信大家有时候打开电脑，会看到有这样的新闻，不知道哪天早晨起来，发现江面上有大面积的死鱼，这时候我们知道水被污染了，这些事故很多是由于违法企业偷偷把它们的排污管埋在了河里。但是由于监测体系效率太低，很多事故是事后才知道的。现在有了无人船，只要沿着河面走一遍，就可以绘制出整个水域的污染分布，我们就知道它是否有污染，甚至通过船上的设备，可以直接排查到水下隐蔽的排污口。比如说定位之后挖出了管道，就找到了哪家企业在偷排。将来，当河上有一条小船开过的时候，违法企业就要想想要不要偷偷排污了。这就是创新技术进入了传统的行业，给传统行业带来的颠覆性变化，可以解决几十年难以解决的问题。

第二个案例，无人船进入测绘行业。测绘行业是更危险、更艰苦的行业，国家有几十万个测绘人，从新中国成立到现在，一直都是开着船或者租着小渔船，把300万平方公里的海域一点点走过一遍，才拿到了数据。这个过程中，每天风吹日晒，甚至有的地方水浅到船都过不去，就是拿着筏子人工往前划5米，这样反复地测，很小的水域要测好几天。当无人船进入这个领域之后，只要坐在岸上聊聊天，20分钟就测完了，而且测得更准确。

我们印象最深刻的就是，当前线的同事第一次拿着我们的无人船到了测绘现场，帮他们完成测绘任务的时候，发了信息给我们，他们说一线测绘人对我们的产品极其感兴趣，无人船是拯救他们于水深火热的产品——过去他们可能会落水，现在就不必担心了，这些测绘人经常戏称过去他们是蓝领，有了无人船，他们就变成白领了。印象更深刻的是，在我们带着无人船帮助他们测绘的两三天里，测绘人脸上幸福的笑容从来都没有停止过！

这些都是令我印象最深刻的，因为我们觉得这就是创新的力量，这也是创新的魅力，当创新的产品进入传统领域时，对于整个作业方式、成本、人员的安全，都带来了翻天覆地的变化。

当然，在创业过程中，除了客户的肯定之外，我们还会有一些其他的丰硕成果。创业其实是我们选择了一种不同的生活方式。我帮大家描述一下选择创业是一种什么样的生活。特别是大学生创业，可能是你毕业后的三五年内都拿不到工资，没有积蓄也没有存款，甚至是欠债，没有假期连休息时间都没有，要通宵熬夜开发产品，跑市场，很多爱好都不得不放弃。例如我爱好的健身。

不仅如此，在这样几年艰苦的时间里，日复一日地循环，最终还是以创业失败而告终的情况比比皆是。所以这里我想说的是，大家不要为了创业而创业，创业一定要有很好的准备，比如说有好的项目，有好的团队，能拿到资金，能有全面的市场调研。因为创业影响的不单单是你一个人的生活方式——你拿来创业的钱，可能是你父母大半辈子的积蓄，是准备和女朋友买房的首付款，是孩子的奶粉钱……所以创业一定要做好准备。

我还想和大家分享一下我在这几年创业过程中总结出的一些经验教训，这里想把五个“以为”送给大家，大家在创业之前一定要仔细想一想，在创业过程中需要避免的这五个“以为”。

第一个是不要“不以为然”，这里指的是大家一定不要把创业不当一回事，其实它是很严肃的事情，会影响到整个生活，甚至是身边的朋友和我们的家人。创业一定要慎重，要有充分的准备。

第二个是不要“难以为情”，大家准备成立公司的时候，一定要把丑话说在前面，股权分配要讲清楚，甚至落到纸面上，相信大家在网上看到过很多创业前期很辛苦，但是由于哥几个没有谈得很清晰，后来公司大了，分崩离析的事情很多。融资条款的一个词，未来可能就会决定公司的生死。

第三个是不要“自以为是”，此处不是指个人的性格，而是说其实很多人心中都有一个非常好的产品构思，例如我们希望做出什么样的效果，希望做出什么样的功能，但是这个构思不是每天我们自己想想就算了的。我们做产品，一定要去了解客户，一定要去了解市场，云洲无人船团队在成立公司之前，花了大半年时间跑遍中国很多工程单位。我们会去问一线工程人员产品使用要求是什么，我们会去问工程师技术要求是什么、我们会去问领导功能需求是什么、我们会去问市场的定价、定位是什么。一圈跑回来，我们已经知道产品该做成什么样子了，所以我们要多走出去，多做全面的调研。

第四个是不要“信以为真”，其实大学生在毕业创业的时候，并没有非常明确的是非对错的标准，因为我们并没有进入真正成熟运转的企业中体验过，更多的只是在书本上了解过，这样的情况就要求我们一定要放低姿态，多咨询、多学习、多讨教，否则我们有可能只是在一个错误的方向上不断努力前进。

第五个词，也是在整个创业过程中最重要的一个，就是我们一定要避免“无以为继”，这里主要还是指现金流，现金流一定不能断，这个可能是大家早期会忽视的一个东西，我们也看到过很多新闻，一个几百亿的企业，由于现金流断裂，一夜之间就崩塌了。

最后，很高兴今天站在这里给大家分享这些经验，是国家给了我们这样好的环境为我们实现梦想，我们也一定要做好充足的准备。在这个风起云涌的时代，大家准备好上“船”了吗？

潘　昊[1]

创新何须风口，创客当然自造

以前我从不看电视，但是我父亲给我推荐了一个节目——《赢在中国》，内容是关于创业前辈的尝试和经验，那时，很多细节启发了我。在艰苦的条件下他们创业都可能成功，为什么我不可以试一下？我认为重要的不在于我们是否是"双创之星"，而是我们要做一块"砖"，来引出"玉"。与大家一起分享经验，让大家获得启发和信心，觉得"原来我也可以"，这才是我今天最大的欣慰。

---

① 深圳矽递科技股份有限公司总经理。

我想从另外一个角度分享一些创客的事。在过去的一段时间，我们讲了很多风口的猪都会飞起来的故事，但是当所有的创业者都扎在同一个风口的时候，其实这个所谓的猪往往就飞不起来了，而我们却付出了很大代价。所以说我们真正需要的是找到自己的风口，找到一个与众不同的方向。过去许多伟大的创新也是这样诞生的。很多时候，刚开始并没有人觉得这是一个市场，投资者也并没有觉得这是一个机会，但是坚持下来以后，这个市场就真的形成一股强力之风了！

再如，乔布斯和沃兹他们做出第一台电脑时没有人认为电脑应该是个人所有的，而应该是专业设备。还有，刚开始尝试做第一台桌面3D打印机的时候，没有人觉得它会是一股潮流。但是有创新和探索思维的人们觉得可以实践，他们拿出热情开始做，然后形成一个团队，实行跨界合作，这样一步步地走下去，直到今天，把非常专业的工具变得人人都可以使用。

过去很多创新是在屏幕里面，但是我们身边还有无数的东西和几十年前甚至几百年前一样没有变，依然没有被连接，没有被智能化，它们就是未来市场的蓝海。作为中国新一代的创新者、创业者，如果我们可以重新审视身边的万物，积极地和制造业结合，那将是我们未来最大的一个机会。我非常羡慕这个时代，因为它有太多的可能性和想象力，可以去重新定义汽车，可以重新去定义我们身边的轮子，可以重新发明一台灯，发明一张桌子。

我自己的故事也许是一个非主流的创业故事，但仍希望能给大家一些借鉴和启发。在中学的时候，我把所有的时间都放在电脑上进行研究。当我读大学的时候，我没有把精力都放在考试上，而总是愿意去参加各种竞赛。因此我没有拿到硕士文凭，所以我去不了大公司的研发机构，而去做了生产。然而，正是因为这样不寻常的经验，给我创业奠定了基础。

我的第一份工作是在英特尔做产品工程师。工作了 13 个月后我放弃了，因为我觉得我可以看到 10 年之后的自己，就像我隔壁的经理一样。这个看似注定的命运，让我觉得迷惘和惶恐，我一度失去了奋斗的动力和激情。于是我打算改变自己的命运，我果断辞职了，但是我当时并不知道要去干什么。因为从小到大，我的父母都教育我要好好读书，考一个好的大学，找一份好的工作，买房子，生小孩，走这样大众化的道路。我终日思考适合我的是什么，如何做一份与众不同的事业，做那种从来没有人教过我们的事。于是，我做了一件事，绕中国骑行三个月开始探索。正当我仍然迷茫时，一件事情启发了我，灵感有时就是在探索的不经意间产生。我看到了一个新媒体的艺术展。设计师和艺术家用很多简单的技术，完成了他们的创意。我才知道原来我大学时要在三四年的时间才可以做到的事情，他们三五天就能做到，他们是 Maker，他们是创客。

我当时就在想我能做点什么？答案是我可以为他们提供一点技术，可以把他们的想法生产出来，于是用这个“灵感”我开始创业了！开始时，这并不是一个想要改变世界的梦想，我只是想做我自己喜欢的事情，并想办法养活自己。我建了一个开元的服务器，我为用户群提供各种需要的周边的技术，让他们可以实现想法。当我第一次去了华强北，去了电子市场，看到琳琅满目的没有见过的元器件的时候，就像一个厨师走进了超级市场，我感到无比兴奋，这里有我需要的所有的食材。于是我就打电话给我的朋友，请他把我的行李寄到深圳，从此深圳成为我的第三故乡。

随后，我和伙伴们住在一个农民房里，每天背着包到华强北采购，每天发货，每天和 Maker 聊天看他们需要什么，给他们提供帮助，这是非常原始的做法，但是我们坚持一步步地做，开始积累，更多地去了解怎么和 Maker 合作。与其说是买卖关系，不如说我们更像服务生，因为我们要养活自己。我们开始把华强北的资源切分成一个个像积木一样的模块，并且把它公开，让每个人使用，像软件一样可以编译设计，从 5 个人到 10 个人，甚至到 200 人。开始做的那几年我们没有拿到一分钱投资，因为没有人觉得这是一个事情，没有人认为这是一个新的行业，只是一群非常小众的人服务着另外一群非常小众的人。

但就是面对这样一个小众人群，我们也做得非常用心和认真。我们去了很多国家，去和 Maker 们面对面地交流，去了解他们的需求，去思考我们可以为他们做什么。值得高兴的是，我得到了非常多的肯定，因为我们不只是重复着别人的东西去制造，我们还会和他们一起探索。对于他们来说，中国变成了可以一起创新的伙伴，因为这里不光有强大的制造资源，还有一个巨大的市场，形成了一个生态系统。

我们一直这样兢兢业业地工作着、奋斗着、经营着，直到

2015 年 1 月，总理来到我们的创客空间，了解了我们在做的事情，给了我们很多建议。我想这对于整个中国，乃至全世界的创客都是爆发性的。我们突然认识到，我们在做的小众的事情其实是创新技术，我们可以帮助更多的人实现梦想，而创客空间也开始在各个地方建立起来。

我觉得创业者并不是英雄，创业者和大家是一样的，大家不要觉得创业很难做到。在大学的这四年里面，有足够的空间、时间，可以把心中的想法一步步实践出来，开始可能只是一个小小的点，只能解决身边一个小小的问题。但是我相信，学校有这么多专业的知识，只要好好学习和积累，将来一定能有机会把这些知识用在教室之外的地方，把它实践出来，探索出更多的可能性。不要忽视个体的能力，在商业时代，可以用科技来武装新一代的个体户，让他们服务一些非常小众的事情，再逐渐、广泛地成长，也许就会发展成为一些了不起的事情。我在德国的一个教堂看到了一种摄像头，是开元零部件搭起来的系统，我相信这个神父并不知道什么是开元硬件，他只知道最近预算有限，需要请一个小小的创客帮忙做这样的事情，然后他就用身边触手可及的科技实现了这样的要求。针对这样的事情，他们不可能请大公司来帮助实施。通过这种模式不仅帮助了这个神父，还能养活这个创客。因为类似的机会还有很多，我相信大学生从自己的专业和自己的爱好出发，可以找到更多成为个体户的机会。

放眼全球，世界上有非常多的众创空间，这些都是和产业联动的。通过众创空间和企业人们可以把遇到的困难和工艺展示出来，而我们来解决这个问题。作为企业家，我们讲的都是经验，讲的是可能出现的风口。我相信新一代的年轻人才是真正创造风口的人，希望你们能真正把创新当作自己的一种爱好，真正把创业一步步坚实地走下去，取得更伟大的成就！

下　篇

名师说

徐小平[1]

我曾经做过北大的老师，有整整五年的时间，每天的工作就是跟大学生打交道，出国五六年回来后加入了新东方。当年北大的一个自称落后学生的人创办了新东方，我在那里干了10年：1996～2006年。新东方是一个经典的创业公司，从两间违章的建筑，七八个北大的老师，十几个下岗职工，一直到2006年成为中国民办教育的代表性机构。2006年以后，新东方的另外一位创始人——王强开始做“真格”基金，也就是

① 新东方创始人，现创“真格”天使投资基金。

把我们从学生身上赚来的钱还给学生。当时许多学生毕业回来了，工作几年后想做事就来找我们，除了给他们一些建议和想法以外，所有创业者都需要一点资金。这样一点一滴做起来，到现在将近10年，总共投了400个企业。假设每个企业开始有5个青年人创业，我们已经帮助2000个有梦想的青年人走上了创业之路。当然有的企业没有了，有的企业做大了，有的企业甚至成为四五千人的公司，也就是我们直接创造了数万个学生的就业机会，更主要的是有特别了不起的梦想。

几乎我们投资的每个企业都有清华的学生，清华当然是中国科技的重镇、工程的摇篮，清华的创业者在这个时代也是走在最前列的，创造了一个又一个伟大的公司，正在为一个又一个未来的伟大公司，贡献着他们独有的聪明才智。我在清华投了很多学生，曾有一个同行找我说小平你投得太多了，投得太烂了，据说你在清华有一个班，一个班你就投了三个学生。

清华软件学院07级的一个宿舍的三个人在IBM工作，当时这三个人的工资加起来是260万人民币。工作五六年以后辞职创业，现在一个人做3D打印机，一个做政府的大数据管理，还有一个是做煎饼果子，现在都做得风风火火，做得非常棒，正在振兴和提振一个古老的传统行业。

对于这三家企业，起初我也有动摇，但我发现他们做着了不起的产品，有着非常好的市场，一个比一个优秀。所以我立刻就找到了信心。实际上一般人对投资人不理解、不相信，但是还有谁比我更加了解青年创业者，还有谁比我更了解创业的模式，当然也不可能比我更加心疼我的投资。这三个人反映了中国创新创业时代的一个现象，这就是中国的青年人和创业者，正在国家政策的鼓励下、社会环境的改善下、整个观念意识的变革下，追求着他们的梦想、拥抱着他们的机会、施展着他们的才能，我们“真格”基金作为一个小小的啦啦队，打边鼓的，愿意跟他们走一程，共同追求他们的梦想。

因为受湖南电视台《爸爸去哪儿》的启发，我们准备也做一个节目，叫作“创业者去哪儿了”。人们对创业是有疑问的，相比一份稳定的、有优厚条件的工作，扑入一个未知的世界，大家都有所忧虑，所以大学毕业后参加工作很正常。你毕业后做煎饼果子，做3D打印，做难度很高的虚拟现实，你周围的亲戚朋友都会怀疑你、质疑你，所以我经常在想，国家鼓励大众创业、万众创新，那么创业者们经过了一段时间后都去哪里了？英文有一句话叫条条大道通罗马，罗马在这里意味着家庭、意味着归宿、意味着成功、意味着我们的目的地。

那些创业者去哪儿了？我想有七个出路，通往罗马的七条大道。

第一个是上市。上市是所有创业者共同的梦想，上市也意味着创业的阶段性成果；意味着得到财富、得到尊敬；创造成功。比如说2014年5月16日，我陪着聚美去华尔街上市，在开门前，纳斯达克纽交所的CEO就说，这个屋子创造了很多历史，但今天有个新的纪录将被来自中国的创业者打破，在纽交所200年的历史上，今天十点钟以后将诞生我们历史上最年轻的

CEO——陈鸥。当时掌声响起，聚美的股票一度达到四五十亿美元。上市是一种成功，但是毛主席说过夺取全国胜利只是万里长征走完的第一步，对于创业者来说，上市只不过夺取了全国胜利，你要真正把梦想写在中华大地上，还有很长的路要走，无论是新东方还是聚美或者现在的京东、阿里巴巴、百度，每一个企业家都经历了上市以后更加严峻的挑战，但是就在这个过程中，新一代的企业家在这个市场竞争的环境里越战越勇，拥有完全不同的心理结构、精神素质，成为中国成功的企业家。创业者们或者想创业的人，上了市的或者想上市的，一定要记住，这只是你创业的一个新的转折点。

第二个是并购。假如有 100 家公司上市的话，另外二三十家一定在并购。美国特别多，动辄一个公司三五千万美元、四五亿美元卖掉。因为在并购过程中，大公司获得了新的方向、新的领域、新的团队，所以大公司有这种习惯，尤其是在美国。中国的公司并购一直到前几年才有，坦率地说这是因为中国曾经的创业环境不行，好在现在改善了。最近几年，以腾讯为代表的许多公司看到一个好的项目、好的模式、好的团队，就伸出双手去并购它。我们也有很多被并购的企业，比如我投资的两家公司，一家叫多看，它是做阅读器的，做得很好，里面放了很多图书，当然它刚放图书的时候，我就让他们把我的书先放进去，但他们拒绝了我，后来小米收购了它。我们投资的时候也就是几百万美元，三年以后小米并购它用了 1 亿美元，这里面有几百个员工加入了小米大家庭，现在发展得非常好，这是一个非常经典的成功的并购案例。另一个案例是两个清华的学生，普林斯顿博士毕业后回到中国做一个产业，两年之后被百度以400多万美元并购，要说这在财务上不算什么成功，但是对这两个人来说，工作了两年每人拿到了200万美元的现金，然后又在百度做了重要的员工，毕业以后直接去百度是不可能用两年挣到200多万美元的，也不可能有那么多宝贵的经验。但是他们在百度干了三年以后又出来再次创业，各种资金争抢着要投他们。因为他们创业过、因为他们有经验、因为他们已经是创业领域成熟的老兵。

第三个是转型。条条大道通罗马，每个人都想扑向初升的太阳，但是要知道通往成功的路从来不是平坦和笔直的，永远是要九曲十八弯，四渡赤水出奇兵，这个过程非常难，会有很多牺牲。在我们投资的企业里边，很少有企业能够从A一直走到B，一般都是从A出发，到了他根本不认识的方向Z。但是对一个企业来说，市场是决定性的力量，一旦市场不认你，你就要转型，比如聚美优品的陈鸥，他一开始是想做游戏的广告植入，后来发现这个模式在中国做不成，他发现化妆品卖得很好，就开始做化妆品。创业没有失败，只有转型。你试了一下游戏不行就不做了，那当然你就失败了，但是你已经在游戏公司干了一段时间，你依然在市场上有着异乎他人的更高的价值。有些是企业内部转型，比如兰亭集市，刚开始是想卖手机之类的产品，再后来卖游戏之类的产品，再后来发现服装最好卖，所有的服装里面有一种服装客单量最大，订单量最多，那就是婚纱，它们现在是全国最大的婚纱网站，在苏州直接创造了一两万农民女工的就业。我们还投了一家公司叫找钢网，它们最早发现许多企业需要运输，后来发现许多用钢的厂需要贷款，这个时候便成立了钢铁金融公司，现在成为钢铁行业领域里特别大的公司。

第四个是连续创业。一座山再一座山，最后爬到更高的山，在创业领域有一种人叫连续创业者，并不是指转型，而是指一家公司卖掉了或者死掉了，我再创立一家公司。连续创业者是拿到投资额最高，被投资人争求最多的一群人。创业失败不是问题，问题在于你是否想重新出发。

第五个是现金生意。假如你失去了成长的动力，那么做现金生意也不错，我们投了一家公司是中国最早的音乐网站，当时在全球排名是第 220 多名，迄今为止，它们依然是当年的规模，1000 多万的收入，20 多个人，现金生意。清华有个人做了在线交易的网站，我 15 年前就投他了，结果现在还是五六十个人，一两千万收入，虽然没有做到了不起，但是做资产一体的现金生意，也是创业者最好的选择。

第六个是加盟创业。那些彻底失败的人往往会找几个同样创业失败的人，一起再做一个公司。我们跟 IT 界联合投资了一家这样的公司，也就是两年的时间，估值 5000 多万美元，每个月销售2000 万～3000 万人民币，做20 次交易，叫 U 车网。他们依然能得到资金的支持，依然能得到市场的认可，关键在于你要不断地提升自己，不断地寻找自己，最重要的是不要放弃。

第七个是创业失败。创业这块大家最害怕的一个东西就是创业失败了怎么办？假如创业者经过种种努力最后失败了回去打工，我看不到有什么不好。康奈尔的学生会主席创办一家网站失败了，坚持好久还是失败了，最后新东方把他请来做生意。所以如果真的既不想再创业，也不想再融资就回去打工，那些大公司都会给你非常好的机会，因为你创业过，你经过磨炼，你懂得市场，经历过市场的考验。所以当创业的底线变成在职场上成为一个更优秀员工时，创业就变得非常容易，人们心中的恐惧就没有了。实际上我们是怕失败、怕风险、怕挑战，或者怕成功、怕发财、怕获得的巨大成功吓到自己，随着今日的大众创业、万众创新的热潮，还有环境的日益成熟，我觉得这种恐惧正在烟消云散。

创业是就业的2.0，互联网1.0是公司，新浪和搜狐给你什么你看什么；互联网2.0是互动，你是互联网的主人，你创造的网页就是你的。在某种程度上，创业的风险只不过是我们心中的恐惧，当你真正经过了理性的思考，经过了一种考察和审视之后，迈上了创业之路，我坚信创业的成功属于你。一旦开始创业，那就是你终身的职业，一步一步走下去。所以我觉得创业者都去罗马了，他们都找到了自己人生的归宿，或多或少都能获得人生的成功。

董明珠[1]

我经常说买空调一定要买格力。因为格力已经以中国的品牌走向世界了。我们要成为真正的创业者，并不是说得到了多少，而是改变了别人多少，这就是我们创业的价值。我个人对创业的理解是在自己平凡的岗位上做出不平凡的事就是创业。

在这样一个好的时代，人人都能释放智慧，每个年轻人都应该珍惜这样的时代给我们的机遇。在这个过程当中，很多人都去创业了，开一

① 格力集团董事长兼格力电器总裁。

个网站或者做一个别的什么事情。很多年轻人刚刚毕业就来到了格力电器，我们给他们一个平台，也给他们一个机遇，他们创造了社会最好的财富。我们的科技人员有 8000 人，他们的平均年龄才 29 岁，创造了世界上无数的新技术，这就是创新，它真正的意义在于我们改变了世界，这就是我们创新的价值。

空调行业可以说有一百多年的历史，但是格力电器的历史才二十多年，我们就已经在世界上占有一席之地。有一次中东经销商说，“董总，我给你提一个意见，我们卖格力电器卖了八年，我们以前出口的品牌都是别人的品牌，别人拿来的图纸，让我们按照它的样子给它生产，没有竞争。由于我们创造了自己的品牌，所以我们有了自己的话语权，打上了商标，有了自己的品牌。你要到泰国生产，不要在中国制造，因为我们这里的老百姓认为泰国生产的他们就放心，中国制造的要花很多的时间和语言跟他们进行解释，才能用我们的产品”。这个对我的打击非常大，我觉得我们中国可以制造出很多好的产品，为什么世界上不认可我们？在原创、工艺、质量的追求上，我们的企业家和创业者，要有一种担当和责任，而不是为了赚钱做一件事。回来以后我就对员工说，我们格力空调做得再好，即使全世界都认可我们这个品牌，但只要说中国制造，就会带有不信任的眼光来看你。所以在这个时代，我呼吁所有的创业者，要打造出无数个优质的、高端的、原创性的技术品牌来走向世界，我们才能成为真正的强国，所以我觉得在“双创”时代，不是我们创造一个公司，然后赚了钱我这个公司就是好公司，真正好的公司应该和国家联系在一起，因为我们是中国的。

我记得在2004年的时候我们的企业也差一点被卖掉。当时按照净资产九个亿，卖给国外的一个品牌。当时我们为了买和卖跟政府协商，我们是坚决反对的，但当时政府想卖，那段时间，大家都期盼着我们有个很好的发展，我们有个世界500强的企业，好像我们这个城市就非常伟大，就非常有面子。外方说，只要这个企业收购成功就给我800万年薪，我当时在这个企业工作的时候，年薪才几十万，但是我永远是给别人打工的，中国始终没有自己的品牌，这么多年，我们不知卖掉了多少好品牌。当时因为这个事我们跑到省里找领导，我说不能卖：今天它是世界500强，未必它明天也是，我今天不是，不等于明天我也不是。我相信只要我们坚持，我们敢于挑战，我们要有一种责任心，我们依然能够成为500强。10年以后的今天我们实现这个梦想了。当时政府来调查以后决定不卖的时候，我们特别高兴。我们当时的售价是9亿元，到2014年我们为国家上缴税收150亿元。我认为我们中国人是最美的人，但在外国人眼里却并不那么美。不美的原因是我们没有技术、我们没有创造。我们说德国人很美，是因为他们很严谨，他们的产品给我们留下了很好的印象，中国的制造业和创造者而不能仅仅是为个人收益的多少来思考创业，而应该想创业为我们国家走向世界增添了多少光彩，这就是我们创业者的梦想。

我觉得中国十几亿人口中绝大多数人不是靠自己去开一个公司实现创业，而是在不同的岗位上做出自己最大的贡献，这同样是创业。2015 年有个大学应届毕业生给我提了一个问题：“我没有文凭，我也没有能力，但是我可以做一个普通的人，你认为我是一个成功的人吗?”我认为是，只要你把岗位工作做到极致，你的岗位给别人带来了方便，你就是成功的。

只要你用心去做，你就能成为一个最好的创业者，你也会有更多的智慧，能够在创新的实践当中，得到社会充分的认可。对于格力电器所有的年轻人，只要你想创新，就给你平台；只要你想创新，就给你机会。2014 年我们获得科技进步奖是因为我们有一个创新体系，形成了创新的文化氛围，所有人只要走进这个圈子里，就会有创新的冲动。格力靠品质进入了世界 500 强，同时我们在家电行业也是全球冠军。我说格力电器是黄埔军校，每年不仅是行业内的，就连行业外的都要到我这挖人，过去每年我招一千多个大学生，培养的速度比挖人的速度快，现在是挖人的速度比我培养的速度快。不仅是中国企业在挖我的人，外国企业也在挖我的人。挖人对我们来说是很痛苦的，但我想只要有创新的工程体系，只要有创新的文化氛围，我们会不断涌现出无数的创新人才，而且不会因为人被挖走，我们的专利就没有了。今天我们已经开发出了让人们想象不到的产品。现在我们拥有了 15000 多项专利，在 10 年前我们专利才有 500 多项，现在几乎每天都有 11 项从我的科技大楼里走出来，格力电器是真正的创新型企业。

格力愿意和大家共同分享，让我们每一个人都有创新的冲动，有追求创业的奉献精神，在“双创”的时代，把我们的所有奉献给我们的国家。

刘庆峰[1]

科大讯飞在1999年开始创业，到2008年成为第一家中国在校大学生创业的上市公司，我想一方面得益于合肥非常好的创新创业的环境和氛围，另一方面得益于国家对年轻人知识产权的保护，整个资本市场的发展以及创新创业的时代大潮，使我们有了这样一个机会。从2015年“两会”期间，李克强总理在政府工作报告中明确提出“大众创业、万众创新”，将“双创”工作作为新常态下蓬勃向上的动力来抵御经济下行的压

① 科大讯飞股份有限公司董事长。

力。这得到了科技界和产业界的认同，使我们欢欣鼓舞，对我们每个创业者来说都是非常好的机遇。

今天我们已经进入了移动互联网时代，中国的手机用户几乎全部换成了智能手机，如果 30 分钟不看手机就会有焦虑感。再往后，下一个时代将从手机开始延伸到万物互联，所有设备都是能联网的，都应该是能交互的，从眼镜、手表、胸针、项链到智能家居。在这个时代，最需要的是语音技术，这是一个交互技术，能够让机器开口说话，让机器识别，让机器听懂人说话。第 19 届机器人世界杯在合肥隆重召开，我们的机器人在现场做翻译，这就是机器人对语音合成进行识别与理解。

1999 年科大讯飞提出来一个口号：中国语音产业必须掌握在中国人的手中。在这种背景下，在政府的支持下，我们进行创业，我们要成为全球产业的领导者。经过十几年的发展，今天我们已经抢回语音市场 60% 的份额，另外主流市场的 80% 也都被科大讯飞掌握。2014 年的一场国际比赛上，科大讯飞的机器人念英语念得比普通人还要好，比赛结果出来科大讯飞全世界第一。由于噪声问题汽车构建的语音识别很难实现，但科大讯飞目前是全球第一，领先第二名十几个百分点。

我们 2008 年上市，2015 年成了亚泰地区最大的上市公司。在创业之初，我们就想做最大的语音提供商。现在我们的用户超过 6 亿人，每天的访问次数为在线 1.6 亿人次，离线 5 亿人次。2015 年随着“大众创业、万众创新”的热潮，围绕语音的创业项目至少有 8 万个以上。合肥要打造语音产业高地，就是因为有着 7 万个创意。

关于商业模式的探索，早期科大讯飞以 2C 模式推向市场，因此我们把技术授权给华为、联想，包括和格力的合作使我们成为今天的上市公司。

另外我想跟大家强调一下，企业要成长为一棵树而不是一片树。我觉得产业的使命感对于一个企业是至关重要的，要为人类、人机之间的信息沟通做出我们的贡献。所以我想战略和使命是团队凝聚的前提。创业一定要有良好的心态，最重要的是一定要有远见、梦想和坚持，你所清楚预见的、热烈渴望的、真诚追求的都会自然而然地实现，我们期待着跟大家携手并进，聆听中国创客的声音。

尹同跃[1]

我特别赞赏董明珠的一些讲话，“大众创业、万众创新”的终极目标是创造品牌。1995 年，芜湖市的几个领导在规划芜湖市汽车工业发展的蓝图并研究汽车工业的发展。当时这里是一片农村，连路都没有，比合肥条件差远了，说这一块地给我们做汽车，所以那时候是糊里糊涂地做这件事情。

第一台车子生产出来以后我们很激动，我们立即开着这个车到合肥报喜，但开到合肥的龙塘

① 奇瑞汽车有限公司党委书记、董事长兼总经理。

就坏了，也没嘚瑟成。我们当时连户口都没有，省里面的领导送了一份股权给上汽，因而挂靠在上汽。2001 年 3 月，我们获得的目录号叫 119，我看是救火的号。当时省里面的领导包括现在的汪洋副总理，就希望这个项目一定要成功。上汽集团和安徽省给我们的指标是 5000 台，我们当时赶上了好机会，卖了 28000 台。从当年的第一款车，到现在已经有很多产品了。

从 2001 年拿到国家出生证开始，到 2010 年，我们销售了 68 万台汽车，全国自主品牌第一。最近法国和英国对奇瑞的评价非常高，我觉得只有质量好才能形成长期口碑，只有形成口碑才能成为第一品牌，这是一个过程。

这就是我们现在的逻辑观念，没有品牌的企业是不可能长久的。我们经过了五年的努力打造了九大质量体系，这九大体系正在发挥作用，我们后面的发展将会非常快，无论是销量还是销售收入、产品的形象、出口都是在加速发展的阶段。这么多年我们是全国出口汽车最多的一个企业，2014 年占了乘用车出口的 27%。奇瑞这种发展理念也获得了国外合作伙伴的认同，所以我们也搞了两个投资企业，第一是跟以色列合作的企业，找了很多宝马的核心团队加盟，做的东西非常好，2013 年在欧洲获得了安全第一，在国内的安全纪录还没有被打破，随着时间的推移，这个品牌对中国制造会做出贡献。第二是跟捷豹、路虎的合作。

我们在汽车行业的专利数非常多，申报了 12000 多项，我是非常喜欢技术的人，我不是董事长也不是总经理，我就是工程师，特别热衷于和年轻人做汽车，我们的动力机已经做得非常好。外国人瞧不起我们的中国制造，就需要我们这样的企业，一点点地改变这一点，将中国制造变成中国质量、中国品牌，这是我们长期坚持的目标。

最近，安徽确立的14个战略性新兴产业中我们占了三个，我一看这三个企业都是我们不经意中做出来的。一个是机器人产业，机器人自动化程度非常高，我们过去都是买德国或者日本的机器人，投资非常大，后来我有一个同学在加拿大做机器人，我们试着合作做了几条线，2014年我们的产量做到了全国第一，芜湖市也搞了机器人的产业园。第二个是新能源产业基地，早在2000年合肥工大的一个研究生给我们写了一封信，电动汽车未来非常有前途，他希望我们重视，我就让他带几个人做，现在我们是做电动车最久的企业，创造了很多的技术，2015年生产了20000多台的电动车，2016年可能有50000台，有好几个亿的利润，这块我们也在做上市。第三个是汽车金融。这块做得也是比较不错的，我们有一个老同志在丰田公司工作，他希望得到帮助，我就给了他几个亿，现在这个公司发展得非常好，材料已经报到了香港证交所。

首先技术创新是我们的根本，当年我们做发动机创新时，必须要引进创新体系，就像与奥地利的公司合作时，把整个公司创业时候的家底全部估进去了，我不要产品，我要团队，要有体系。其次很多的创新，很小的机制可以做得非常完美。最后创新创业的年轻人一定要知道创新的市场在哪里，一定要知道我们的客户是谁。

高德康[1]

波司登公司成立于1976年，从8台缝纫机和11个人开始创业，现在成为全球规模最大、技术最先进的羽绒服装生产企业，产品远销俄罗斯、英国、意大利、西班牙等国家。波司登羽绒服已经连续19年向国际发布流行趋势，连续20年全国销量遥遥领先。

回顾40年的创业历程，我认为有几个内在因素帮助我们获得成功。

第一是梦想。刚创业的时候我的梦想就是把

① 波司登股份有限公司董事长。

缝纫组建起来，能够让他们有活干，让他们生活得更好。我带着这样的梦想到上海去跑产供销，为上海的品牌做加工。在上海我看到了羽绒服，我知道这个是旺销产品，未来的发展趋势非常好，我就下定决心要做羽绒服，我当时的梦想就是要做一个自己的品牌羽绒服。创业初期陪伴着我的只有自行车和缝纫机。我每天骑自行车从常熟到上海，早晨5点钟出门，晚上10点钟回来，要12个小时左右的路程。拉出去的是我们的产品，拉回来的是面辅料。

几年的时间里我每天坚持十几个小时的路程，风里来雨里去，不管酷暑严寒，都要奔在路上，因为我要让这个缝纫组有活干。这种艰难锻炼了我执着的精神，也奠定了我未来成功的基础。这就是我跟大家分享的第二个因素——执着。

缝纫机陪伴我做服装几十年，创造了奇迹。我是裁缝出身，那个时候我裁一件衣服5分钟，做一条女裤14分钟，做一件女衬衣20分钟。给上海羽绒服工厂加工，我们一个80人的团队做别的服装厂240个员工的活，这就是团队的力量，有团队才有未来。

在创业的过程中，我看到了羽绒服的商机，但当初也没有资本去做品牌，只能从加工开始。但是我知道给人家做加工赚一点加工费是没有发展前途的，而我的梦想是做一个优秀的品牌。所以在1990年我就申请注册了自己的品牌“波司登”，并在1992年正式拿到了注册商标批文。与此同时，我们的业绩也不断攀升，在1993年波司登还得到了省政府“一厂三外”的表彰。在这样的大好形势下，我在1994年大范围推出自己的“波司登”品牌羽绒服，开始在全国范围销售，而且第一批做的量比较大。因为没有调查市场、分析市场，没有发现北方市场跟南方市场是不一样的，这一批羽绒服到了年底只卖了三分之一，还有三分之二积压在仓库里。加工厂、面料厂家和工人都要付钱，春节之前电话响个不停。雪上加霜的是银行的800万元贷款也到期了，这一年真是苦得没法说！我晚上怎么也睡不着，要不就是睡着了又醒过来，一身大汗。这样下去可不行！第二天我就到东北去考察市场，看我们到底出现了什么样的问题。到那边一看，发现我们的服装和一般的羽绒服存在着五大差距：第一是颜色、第二是面料、第三是款式、第四是板型、第五是做工，这五样是服装里面最需要做好的。我立刻意识到这个责任在于我没有好好去考察市场，必然要失败吃苦头的。这时我就想两件事，第一是我明年怎么做，第二是怎么样把库存卖掉。我的考虑是在反季的时候销售羽绒服，这个想法也得到了商界朋友的支持，北京王府井的经理和我们沟通之后，开始帮我们做反季甩卖，两个月卖了500万元。那个时候我就知道，波司登这个品牌不是不可以，关键是我们没做好。反季甩卖回笼了资金，我就马上布局1995年的商品规划，考虑怎样去创新。

我们做了几个方面的创新。把羽绒服的功能定位为防寒加审美，外形设计定位为羽绒时装，结合时装简洁、贴身的流行特点，尽量使羽绒服在外形上减肥。在制作工艺上，首先改变填充料配比，减少细毛片，加大含绒量，把当时普遍采用的60%～70%的羽绒服含绒量提高到90%，并全选优质绒。我还要求采购的羽绒蓬松度、清洁度、耗氧指数必须大大高于行业原有标准，达不到要求的一律退回。就这样，从功能、款式到色彩，波司登全面革新。当时我就信心百倍，我知道这样的款式一定是消费者喜欢的，消费者喜欢的产品才是真正的好产品。

有了好的产品，还要有好的渠道去销售。我记得当时沈阳中兴商场是北方最大的商场之一，我就拿了我们的新产品到沈阳中兴商场，不到一个小时，他们的经理就答应我预付300万元，但是要做他们中兴的品牌。我就问了他一个问题，我做了你的品牌，如果卖不掉，这个积压怎么办？如果是波司登的品牌就没有这个问题。他听了之后马上决定300万元打给我预订波司登的产品。拿到了300万元的支票，我们非常激动，当时对于银行来说300万元汽车的支票也是个大数目啊！通过这件事情我们就知道创新的力量是无穷的，只有创新你才能改变自己，只有创新才有未来。

波司登现在做的“秋羽绒”也是创新。2007年我们就开始做秋羽绒，目的是要拉长羽绒服产品的销售周期，我们在秋季就做秋羽绒，而且这个秋羽绒非常轻便保暖，可以把一件衣服卷到最小往口袋里面一放，便于携带，衣服重量只有250克，但是穿起来很暖和。现在，我们还在更多的领域进行创新，例如我们正在做产品延伸和四季化，把平时空闲的渠道变成一年四季的销售渠道。2015年我们还提出了“品质+”的品牌理念，把更优质的产品和服务提供给广大消费者。

创新无处不在，一辈子不创业不创新就不会甘心。在“大众创业、万众创新”的时代大潮下，我们要抓住机会投身创业。年轻就是能量，年轻就是资源，年轻创客们只要有梦想，只要肯坚持，不断去创新，我相信你们的未来一定会更加美好！

邵丹薇[1]

我出生在一个小康家庭，9岁的时候我母亲开了个照相馆，那个时候镇上还没有冲洗店。由于我母亲一个人忙不过来，所以每个周末我要帮助她把拍下来的胶卷送到城里洗成照片交给客户。于是每个周末，我从武进的一个小镇跑到无锡去，用现在的话讲叫出差。13岁的时候家里遇到变故，经济上开始变得拮据，我不得不亲自赚钱来贴补家用。我做的第一个生意是卖对联，用一个寒假的时间，把70块钱的本钱变成了

① 万帮新能源投资集团有限公司董事长。

3000 块，别人卖对联就在那儿守着，我卖对联呢，先要问问客户的职业，比如他是跑供销的，我给他推荐一个“贵人多助”；如果他是一个农民，我就给他“家宅平安”。客户觉得这个孩子真能干，他们就把自行车停下来，在我的摊子面前帮忙吆喝，人气越攒越多。每一个买我对联的消费者，我都送给他一个福字，客户得了便宜，人就越聚越多了。在春节前我卖对联，春节一过我就用攒下来的钱去批发市场批灯笼，因为下一个节是元宵节。

这个小小的案例给了我一个非常朴素的商业智慧。后来我在做更大生意的时候，这些初始阶段积累的商业逻辑都是通用的。我们年轻的创业朋友一定要善于在小的案例当中，发现出能够指导一般规律的普世法则，这是我们学习能力的体现，咱们一定得知道自己为什么成功，为什么失败。

19 岁的时候，我要攒学费 4200 元，家里确实拿不出来。我拿了 13 块钱一个人跑到南京去打工，花了 4 块 5，又花了 5 毛钱买了扬子晚报和现代快报，在报纸上找小广告，我得找到在第二天管吃管住的工作才行。

第二天我找了在洪武路上一个大酒店的迎宾工作，但即便是在迎宾这样平凡普通的岗位上，我也干得很出色。每天在喊欢迎光临的时候，我就注意观察，有什么办法可以改善这个酒店的生意。一周以后我写了一封《建议十八疏》给我的老板。他大为吃惊，就把我叫到办公室，动员我先休学一两年做营销经理，给我发 2500 块钱的基本工资，还有高额提成。虽然我拒绝了他，但是这个故事让我在后来做职业经理人的时候，始终秉持创业者的心态。年轻的创业伙伴们，如果你现在在一个平凡的岗位上，也千万不要轻视这一岗位，只要有心，一个平凡的岗位同样可以做出高于这个岗位的视角和贡献。

为了有更高的收入，我辞去了迎宾的工作，跑去做电脑清洗用品的推销员，老板说没有底薪但是提成很高，卖出去的收入一半都是我的提成，我就心动了。一开始跟着别的同事一样出去扫街，扫街是非常辛苦的工作，不只是体力的辛苦，还有意志力和人格上的辛苦，被拒绝，被翻白眼。

3 天下来我一无所获，我现在都清楚地记得，我坐在南京某银行门口的台阶上，看着一双一双的脚、一辆一辆的车在我眼前经过，右手拿着5 毛钱买的4 个馒头，左手拿着银行里接来的一杯水，就那样喝着水啃着馒头在台阶上坐着，忽然觉得很委屈，眼泪夺眶而出，后来控制不住，也不管别人怎么看待，开始泣不成声，以至于号啕大哭。但是年轻人有一个特点，就是革命乐观主义。哭完以后我就开始反思，3 天扫街一无所获，别的同事收获也平平，有没有更好的办法呢?

在那一刻，我有两个念头，一个念头是将来有一天，我一定要在这个城市拥有一栋自己的楼，这是我的创业梦想真正建立的时刻。另一个念头比较接地气，从明天开始，我要找一个新的办法做推销，不能再挨家挨户地推了，得尝试大客户模式。后来发现我的同事都是一包一包地卖，我到工业园区找那些大型厂房，上去就找办公室主任，一箱一箱地卖。一天跑下来，我的业务等于其他同事一个月干下来的量，一个月不到我赚了8000 块。满怀喜悦的我拿着钱回家，在路上遇到了四个年轻人，自称是北大的研究生，钱包被偷了，手机也被偷了，急着要飞去深圳和老师会合。我把所有的钱都给了他们，看他们还有困难，就把银行卡也给他们了，我怕万一他们不够，于是回去以后又借点钱打给他们，我觉得做得好像还不够，我把我花200块钱买的二手阿尔卡特手机也给了他们，我把我的家庭电话也告诉他们。三天以后我才发现上当受骗了。在我知道受骗的那一刻，我一点都没有难过，我也奇怪怎么一点都不难过，那是我两个月的汗水。现在我觉得这也是创业者的必要素质，一切向前看，过去失败的案例只是提醒我们以后要注意，但切忌不要沉迷在对过去的感伤和后悔中，懊恼是无济于事的。

2004年我进入万帮汽车，2009年做董事，2011年做总裁，2014年成立了我现在的新项目。在这10年间，我从销售顾问开始干起，带领着这个企业从1亿元做到207亿元，从年销售1000台到年销售80000台。从一个4S店到现在覆盖苏、皖、鲁、沪、粤等地的73个4S店，交出了自己比较满意的答卷，也在这个行业里积累了比较高的声望。

这10年间我做了大量商业模式的创新和技术上的创新，很多的创新直到现在依然是这个行业里被津津乐道的。在2012年最困难的那一年，全国70%的经销商都亏损了，可是我们却创造了万帮史上最高的利润，至今没有被打破。大家都好奇是怎么做到的，我说一个企业要营造自己的核心竞争力，只有三个办法：一是商业模式，二是核心技术，三是核心执行力。对于我们青年朋友来说，前期很难创造出一种独特的商业模式，也很难比别人有更高的技术含量。所以对于年轻人创业，不妨从执行力开始，也就是在同样的商业模式、同样的技术手段下，执行得比别人好、执行得比别人快、执行得比别人高效、执行得比别人成本低、执行得比别人更坚决！只要我们执行得好，一样可以做得很成功。这也是打造核心竞争力的重要途径。

怎么样能够打造一个好的执行力呢？对于年轻朋友来说，一定要懂得用胜利去鼓舞团队，好的管理者要善于把一个大的目标分解成很多的小目标，让团队在一个一个的小胜利中感受到成就感，让大伙儿觉得跟着你就能成功，跟着你就有前途，你就是他们的主心骨，只要团队认你，团队的凝聚力强，团队老是在胜利中成长，这样的团队一定是创新的团队，一定是无畏的团队，一定是战无不胜的团队。

2014 年我参加了一个论坛。在那次论坛上我发现所有人都在抱怨新能源充电设施不好干，困难太多了，很难推进。但是我觉得很兴奋，我特别喜欢听别人说有困难，因为有抱怨就说明有痛点，有痛点就说明有商机。我花了三个月时间开始理解这个行业，信息越来越充足。后来我发现，其实所谓的困难核心就是两条：一是场地；二是盈利。如果光靠以前的做法，让政府来提供场地，那太困难了。我们要破题，于是我决定向市场借，我找到景区、酒店、卡拉 OK 厅、健身房，以及一切我们新能源汽车车主会停留的地方，借地，我说你把场地拿来，什么投资都不要，停车位还是正常停车，停车位后面我给你装一个充电桩，将来赚了充电服务费，这笔利润咱俩永久性地三七开。就在2015年春节，微信红包被全中国人民炒得火热的时候，在江苏常州发起了轰轰烈烈、热热闹闹的“全民抢桩”活动，结果三个月的时间，在常州建设了1500个充电桩，相当于一个一线城市过去3年的总和，我用3个月干完了。

这件事从商业模式到我们的速度，都引起了国务院副总理马凯的高度关注，2015年5月15日，他亲自带领十部委的领导到我们公司实地考察，来了以后大竖拇指，当日下午在全国新能源政府工作会上高度评价我们，六次提及万帮，说万帮模式值得全国推广，我们非常自豪！

另一个难题是盈利问题，因为充电设施的投资很大，回报周期很长，很多企业中途都退出了，但是我们觉得里面有文章可做。现在互联网人都喜欢说羊毛出在猪身上，我理解其核心是向产业链的上下游要效益。比如乐视电视不赚钱，但软件赚钱。我们产业链的上游的德和科技是充电机装备制造公司，2015年产销突破5万台，获得了14个主机厂的订单，成为我国充电桩制造公司里的龙头企业。这里也有创新，比如营销上的创新。别人搞订单通常都以销定产，收到多少订单，就给上游供应多少配件的订单，这样做的好处是没有风险，缺点是没有跟上游供应商的议价权，因为你给我的订单太零碎了，今天300个，明天500个。我们决定反过来做，以产定销，我判断2015年我国有25万个充电桩的市场容量，我认为我们的产品只要做到有一定的价格优势、产品质量明显高于市场的平均水平、售后服务明显高于目前所能提供的服务水平，就至少能占到20%的市场份额，也就是5万台。于是，在没有订单的情况下我们就以5万个订单量向上游供应要成本。经过一轮供应链的优化以后，我们的成本跟我们同级别的竞争对手相比，平均降低了40%～50%，我把省下来的钱大幅度提高了售后服务的保障能力、大幅度提高了我们的响应效率、大幅度提高了营销的费用以及我们的研发成本，最后我们的产品果然供不应求。

还有产品创新，我们的产品成为我国第一台互联网充电机，成为全中国第一台恒功率充电机，这些都得到了市场的良好响应。除了14个主机厂以外，很多的私人消费者也通过各种渠道和我们取得联系。市场是公正的，它用实际结果肯定了我们的决策。

同样的情形也发生在我们的其他业务链上，中游是提供充电桩安装服务的，这个领域里我们已经拿下了全国60%以上的市场份额，将来只会越来越高。下游是新能源的4S店，目前也已经做到了全国的龙头。

这些业务链的支撑不仅保障了星星充电稳步发展，也提供了稳定的利润来源。即便星星充电这个充电设施运营企业在短期内较难盈利，但由于我们上下游产业链布局很有竞争力，所以2015年我们的整个板块能够实现整体盈利。对于一个创业公司来说，当年度就实现较好盈利，且每个领域都做到全国细分领域的龙头，是非常不容易的。

对于青年创客来说，还得从基层开始做起。但是有几条是一样的，年轻创客首先要有梦想，要明白生命的意义和创业的目的。如果创业仅仅是为了自己的个人财务自由，那你可以成为一个小老板。如果你的创业是为了一个大的理想，可能会有更持久的动力。比如，现在我做新能源汽车，从来都不是为了自己的享受，我觉得新能源汽车代表了工业制造2025，代表了节能环保，还代表了我们一个国家的民族汽车梦想，我非常希望10年以后，用我们的努力使新能源汽车普及时代快速到来。在一个万里无云的早晨，我可以呼吸着干净的空气，问心无愧地说，我对汽车文明的进步是做了贡献的。

年轻人的优势是年轻，不服输，我们的资本没了还可以再找，我们输得起。输得起才有乐观的本钱，就像我腿扭了，我拿个拐杖，难道我四条腿跑不过你们两条腿吗？年轻人就要有这个精神。但是最重要的是我们一定要有使命感，要有情怀，做事光讲情怀不行，可是没有情怀是一定做不长久的。每个人都要问问自己，我生命的意义是什么，我比较欣赏荀子的答案，荀子说，人生来就是为了参赞天地之化育，即顺应天地、感激天地，利用天地的自然规则去改造天地，促进文明进步的。

我希望在年轻的弟弟、妹妹的心里留下一粒种子，这颗种子也许会在某天你困难的时候激发力量。而越来越多的正能量的种子播撒给你以后，你的心里就会成为一片森林，创新的涌泉就会层出不穷。因为你有梦想，有那么多的森林在滋润着你，你就会不畏困难。

最后套用艾青的诗结束我的分享：为什么我的眼里常含着泪水，因为我对这事业爱得深沉！

于敦德[1]

我是一名创客，我也是“80后”。1999年我来到南京，进入东南大学，在学校期间加入了学校的学生网站先声网，在那里认识了一帮小伙伴，他们中的很多人今天也成为我们公司的创业骨干。在过去的9年里，我们从刚开始创业时10个人不到的团队发展到6000人的团队，公司保持了快速增长。2015年上半年同比增长110%以上，2014年成功在纳斯达克挂牌上市。在过去的9年里，我们围绕“互联网+”旅游，通过互

① 途牛网首席执行官。

联网的技术和理念，提升旅游产业的用户体验，改进产业效率，我们的单人产能可以做到整个产业的 2～3 倍。

我并不是刚毕业就自主创业。刚开始的时候我加入了创意公司，2004 年有一次会议，博客网的创始人方兴东博士来到南京，我们碰面，他说缺一个技术总监，问我有没有兴趣，不过要在北京。我说我考虑一下，第二天我就卷铺盖去了北京，加入了博客网。当时博客网还是只有不到 10 平方米的一间小办公室，七八个人，但是每天用户的访问量不断增长，需求不断释放，我们赶上了中国 Web2.0 快速增长的年代，为了给客户提供更好的服务，我和我的小伙伴们每天工作 12 个小时以上，从早上 9 点到晚上 10 点以后。不光是因为我们需要夜以继日开发我们的功能，我们的创业热情也激励着我们不断通过创新取得突破，来感受这样的激情和兴奋。

当时我住的公寓楼晚上 12 点电梯就要关门，所以必须要赶在 11 点 40 分之前到达楼下，要不然就要爬 14 层的楼梯回到公寓，然后才能睡觉。晚上有时候加班，经常一不留神对着电脑多干了一会儿，可能就要爬 14 楼锻炼身体，这样的状态我们持续了一年。在这一年的时间里，团队从 7 个人发展到 400 人，全球的网站排名从 2000 名开外进入 200 名以内。在这段时间我们感受到，必须要坚持才能够把我们的事业做好。要通过我们的努力把一些微不足道的事情做到极致。在 2006 年，我们创建了途牛旅游网。在那个时候机票和酒店已经比较成熟，在线的旅游度假还不太为人接受，我们更多的是在线下预订旅游产品。我发现我们很难去比较产品，在冬天、在暑期，我们还需要到大街上去了解产品，我们想为什么不能也搬到网上，我们的客户点点鼠标就能完成预订的过程。确立了我们的使命之后就希望能够通过我们的努力，让旅游变得更加简单，然后我们就创建了途牛网。围绕这样的使命干了 9 年，并且我们希望能够继续不断努力，把它做得更大。提供线上交易平台的第一个月交易额只有 30 万元，但是在今天，在 2015 年，我们单日的交易额的峰值已经能够超过 7000 万元，伴随着整个旅游行业的增长和互联网的增长而高速发展。2014 年我们成功在纳斯达克上市，也是唯一一个专注在线休闲旅游行业的中国公司。

创业的第二年我们遇到了金融危机，我们刚开始创业的时候，以前的朋友和同事给予了几百万人民币的资金支持，但这笔钱并不能支撑我们做得足够强大。从 2007 年底我们开始融资，不断见投资人，不断被打击，被问得最多的就是你们团队这么年轻，你们能够创造多大的业绩？虽然我们年轻，但这是我们最大的优势，因为我们年轻，我们可以有开放的心态，在新的领域不断学习，而且我们学得更快，我们能够不断挑战自己，我们一定能把公司带到一个非常高的高度。我们成功说服了投资人，在金融危机的寒冬里面拿到了我们的第一笔机构投资，实现了我们第一个阶段的发展。

在 9 年的时间里，我们不是通过拍脑门来改进我们的服务，而是通过走到客户身边听取他们的意见，看他们的投诉，一封一封地看，找到行业的问题所在，解决这些问题，取得突破，进行创新。这个事情我们坚持了 9 年，我记得有一次我看到一个投诉，张先生和他的夫人、小孩去欧洲旅游，他们按照我们的要求和使领馆的要求提供了签证材料，但是最后被拒签，没有原因。这样小概率事情的发生，按理说既不是我们的责任，也不是客户的责任，按照合同我们不需要承担这中间的损失。但是客户认为既然这个事情交给我们了，我们就应该做好，他自己并没有出现过失，但是影响了他的出游。我们觉得客户说的是有道理的，我们应该能够在更大的范围上面保障客户的出游。所以我们建立了拒签的出游保障。从这个案例开始，我们对所有无理由拒签的客户分担他们的损失。我们建立了九大质量保障，包括航班延误、无理由拒签等，对于出游过程中的小概率事件，我们帮助客户分担。通过我们的服务降低他们的出游风险，方便他们的出游过程。

进入这个行业之前我们怀着非常美好的憧憬，我们认为做了旅游以后就可以天天出去玩，这真是一个非常好的事情。但是真正进入这个行业以后，每到节假日，每到大长假，我们都需要老老实实待在办公室里给客户提供技术支撑。特别是在春节和各种传统节日的时候我和我的合伙人轮流值班，每一年的春节都是和值班的同事一起过年。随着旅游服务的不断提升，我们希望能够实现让旅游更简单的使命。我们需要一个健康的身体，我们整个公司的发展也要保持健康的状态，而不仅仅是日复一日地重复工作。我们开始了我们的牛拉松活动，每一个季度我们都会有一次牛拉松的活动，我们希望能够坚持不懈地锻炼身体，保持一个良好的状态，保持一个健康的体魄。然后能够在接下来中国旅游行业 20 年高速增长的过程中，继续围绕我们的产业，围绕“互联网 +”旅游，不断提升和创新。

为了实现让旅游更简单的使命，我们希望成为一个世界级的公司和旅游入口。之所以能够有这样的信心，是因为我们团队是一个年轻的团队，平均年龄只有 25 岁，和每一个有着长远目标的年轻人一样，只要我们努力、只要我们创新、只要我们奋斗、只要我们坚持不懈，就一定能够实现我们的目标和愿景。

冯冠平[1]

按照我们江苏的习惯，我今年虚岁71，实际年龄是69岁。我是清华大学的教授，深圳市聘请我为首席创业导师，结果创业导师到了江苏就变成了双创之星，我感到很高兴，似乎年轻了30岁。我创办过200多家企业，当过100家企业的董事长。创办的企业中有20多家已上市，我敲钟敲的手都酸了。

100多个企业的故事我没办法讲完，我今天讲两个故事。第一个故事，2011年我退休的时

① 力合创投董事长。

候，我就说我还有两个梦想。其中一个是为国家引进孵化出两个能在世界产业领域领先的高科技项目，使它们的总产值超过千亿元。当时大家感觉到有点吹牛，但是四五年下来，我认为这个千亿级产业的雏形已经形成了。

老一辈的同志都知道，江苏是一个制造大省，制造的过程当中材料是一个大问题。经常出现的很多问题都是材料问题。所以我在那个时候引进了两个新材料的项目，一个叫超材料，另一个叫石墨烯。当时我的很多同事跟我开玩笑，冯院长已经功成名就，却又搞了这么两个项目，一个是飘在天上，另一个是埋在地下。为什么说飘在天上呢？当时在我们国家知道超材料的专家少之又少。我科普一下，超材料就是把自然界当中的现有材料，通过计算机来设计好，再把它制造出来。在一般老百姓的眼里，看不见、摸不着——这是飘在空中的。

另外一个就是石墨烯，石墨烯的粉末是黑色的，是从碳中分离出来的，而碳是埋在地下的。2012 年，习总书记到深圳看的第一个企业叫光启超材料，而且总书记对几个回国创业的年轻人说："看到光启团队从国外克服重重困难回到祖国发展，联想到钱学森，希望你们成为新时代的钱学森。"大家听了都傻了，什么叫新时代的钱学森？这里的秘密我来告诉你们。在 2009 年的时候，深圳市要引进这个团队，当时就找到了我。我其实也不是材料方面的专家，但对这个领域是比较清楚的，要回国创业的几个年轻人就是在大学期间参加挑战杯认识的。他们跟我讲了一个故事，这个故事深深地感动了我。当时这种材料理论上可行，但是没有人做出来，在他们导师的指导下，这个材料做出来了。然后在科学杂志上发表了一个关于这种材料的封面文章，美国政府尤其是军方听到了这个消息以后也非常重视，把这个实验室归美国军方领导。科研人员，尤其是中国的研究人员有两个出路：第一是继续留下来，但是你必须改成美国国籍；第二是你离开这个地方。

他们几个人选择了离开那个地方，转到了普林斯顿大学，在普林斯顿大学学习一年后回国创业，希望有人进行天使投资，但当时要价不低，20 多岁的几个年轻人让我们投 4500 万元，占 40% 的股份。我们当时的三个投资人在深圳也都是大名鼎鼎的，听完超材料项目介绍以后，我们说这个钱我们来投，我们也想清楚了，如果搞不成我们就算是为国家做贡献了。后来不负众望，这一团队到现在已发展到了 400 多人，申报了 2000 多个专利，在超材料领域里面居于世界领先地位。这个超材料的用途很大，可用在隐身材料上面，为我们国家的隐身材料做出了相当大的贡献。从这个创业故事中，我深深地感觉到：第一，我认为不要小看年轻人，当时我推荐他们到清华大学去兼职。有人跟我说，这样的人清华有的是，我很生气，说在清华像这样的人不多。第二，在年轻人创业初期，要对他们做一个顶层设计。当时的顶层设计是把光启团队作为一个民营的科研机构，光启的研究院后来成为我们国家新型科研机构的代表。这些是超材料的情况，下面我重点讲一下石墨烯。

石墨烯在江苏形成了一个产业有它的偶然性，但是也有它的必然性，我可以毫不夸张地讲，江苏的石墨烯产业在全国的地位是公认的，江苏的石墨烯产业引领着全国石墨烯产业的发展，很多领域在世界上也不落后。石墨烯还有一种说法，就是在铅笔芯里面诞生的诺贝尔奖，实际情况就是在铅笔芯上面拿一个胶纸不断粘铅笔芯，最后粘出来石墨烯，粘出的单层的碳原子有很优异的性能。在获得诺贝尔奖以前我们就引进了一个团队，2010 年获得诺贝尔奖后，引进的团队就更多了。当时在常州和无锡，都有我们投资的石墨烯企业。常州市政府也很重视，我就跟常州市政府说，“政府的手”和“市场的手”应各有分工：“政府的手”成立一个江南石墨烯研究院，搞一个研发平台，配套搞一个园区为这个服务；因为我是从深圳过来的，“市场的手”我比较清楚，我负责引进团队、引进人才、引进技术、引进资金。

经过这些年的体会，我认为高科技产业的发展需要一个平台，因为需要很多高端的仪器设备。另外，要有一个导师来指导，我是被江苏省科技部门一步一步“拉下水”。因为当时江苏省科技厅的领导说：“你原来在深圳市是当创业导师，你到江苏来当一个项目负责人，我给你资金支持。”当时我说我不要钱，但他说这是一个创新。因为我原来在清华大学是管科技的，我对科技上面的创新是非常感兴趣的。所以，后来我就当了江苏省的项目负责人和项目经理人，在江苏省科技体制改革里面，甚至在全国都是第一个。

花了两三年的时间，把石墨烯这个材料生产出来以后，主要面对的是怎么用，这里面碰到了很多困难。其中之一就是石墨烯的薄膜可以变成一个产品，但是做成一个什么产品呢？大家都没想好。这也是世界的难题，没有先例。2014 年 12 月，来了一个机会，江苏省通知我说习总书记要到江苏来，要请我给习总书记介绍一下石墨烯的情况。根据我的预感，一般来说只要最高领导跟我说几句话我就会得到启发，我的悟性是比较高的。跟习总书记见面的时候我就拿了一个膜，习总书记说你能不能搞一个军民两用的产品？这句话提醒了我，我现在告诉大家这个膜是干什么用的。之前我在深圳参加一个国际会议，讨论的是科技成果怎么转化，来了很多专家，因为是在一个宾馆里面，空调特别凉，他们都冷得发抖我刚好穿的这件衣服，很暖和，在会议上没有直接告诉他们。美国总说中国创新不行，创新不行很重要的原因是中国没有风险投资机构，而我不这么认为，我从事风险投资机构已经有 20 年的时间。我这件衣服是可以发热的，而且我可以用手机控制这件衣服发热，怎么叫美丽不冻人？我通过这件衣服就可以做到。

这个发热膜是世界的首创，各个领域有很多应用。2015 年初，我开创了我的第 101 家企业叫烯旺公司，2015 年 9 月 22 日这家企业在北京人民大会堂向世界宣布了石墨烯商业化应用上取得的科技成果，发布了全球首款石墨烯理疗产品。

我毕竟已经 69 岁了，将来的发展主要靠年轻人，一旦有了机会，作为创业者碰到了就不能轻易放过。在超材料、石墨烯两个材料上，我认为将派生出很多上市公司，很多媒体和论坛说我是一个难得的复合型人才，是集教师、科技工作者、经营管理者、风险投资家于一身的“知本家”，几乎在每一个领域都做出了出色的成绩。清华有一个说法，像冯冠平这样的人在我们清华几百年才出一个，我听了以后并不是很高兴，在清华这样的学堂，像我这样的人几百年才出一个，我们国家就没希望了。今天我看到那么多“双创”之星，和这些未来的“双创”之星，我感觉到后继有人了。

应文禄[1]

大家都习惯叫我超人。超人这个名字是我女儿在她十几岁时帮我取的网名，也许在女儿的心中，老爸无所不能。其实我这个“超人”既赶不上美国超人的通天本领，也没有香港李超人的知名度，但是在业内，大家还基本认识我，毕竟在投资界干了20多年，是一个投资老兵了，我现在是毅达资本董事长，同时还是中国证监会创业板发审委现任委员。

其实我这个“超人”是非常辛苦的，我有

① 毅达资本董事长。

100 多个投资小伙伴，他们就像我的经纪人，每天都把我的时间安排得满满当当。我和小伙伴们每年看 2000 多个项目，累计投资 600 多个，其中 60 多家已经公开上市。小伙伴们给我的任务说简单也简单，一是“相面”，就是看人、看团队；二是解决疑难杂症，让我当“老中医”。

第一个故事，我们正在实施投资的一个项目的主业是电子竞技。这个项目的发现过程非常有趣。有一次我们年轻严谨的法务总监和我一起出差，我发现他一路上都在看游戏视频，我冷不丁地问他：“不看条款看啥呢？”他摘下耳机，很不好意思地跟我说：“这是电子竞技比赛，现在年轻人非常喜欢，全球有 8900 万粉丝，而且预计两年后能超过 3 亿，市场很大。”“这很好啊，有投资机会吗？”他说已经联系上了，并转交了行业团队。项目组报立项的时候，首先映入我眼帘的就是一张照片，我又诧异了：“这是一群什么妖魔？”“超人，你怎么知道他叫‘妖魔’？”原来，他们中有一位的绰号叫“妖魔”。这个项目通过立项后，大家都建议我和团队见个面。于是，我就邀请这个团队到南京来聊聊天，我发现人和照片差异很大，并不是那种玩世不恭的样子，这个团队非常有特点，他们相互之间非常了解、熟悉，合作默契，非常专注而且痴迷，是一批有梦想的家伙，我看能成事儿。

第二个故事，2015 年 5 月，我家用了快 10 年的洗衣机坏了，我太太和女儿跟我说，换个新的吧，但这个又大又笨的旧家伙，该怎么处理呢？我就随手上了一下百度，百度把我导入一家叫百姓网的网站。这是一家专注于二手用品的分类信息网站。我在上面注册并发布了信息，很快就有买家和我联系了，让我觉得用户体验很好。我突然意识到，现在电线杆、马路上的牛皮癣、小广告越来越少了就是因为被互联网化了。很凑巧的是，没多久我们毅达的小伙伴们报上来一个项目，正是百姓网。我当时在投审会上就做了一个现场尽调，现场有 7 名专业的投审委员和几个旁听生，居然有一半的人之前并不了解百姓网。后来，在上海和百姓网创始人王建硕交流的时候，我就说了这个事儿，我认为互联网公司也是需要做线下推广的。最后，百度和毅达资本联袂投资百姓网。融资后，百姓网很快就在上海等地投放了线下广告，效果非常好，现在百姓网的月活用户已经超过 1.2 亿，被圈内人称作"独角兽公司"，也就是估值 10 亿美元以上的公司。不久后，大家就可以在新三板看到百姓网的面孔。

这两个故事只是我们众多投资案例中的两朵小浪花，创新创业就是创造未来，那未来的趋势又是什么呢?

一是从大众走向细分。移动互联网技术突破时间和地域限制，基于对人群做更精准的细分和画像，提供定制化的产品和服务。

二是从分割走向融合。"互联网 +"就是跨界、就是变革、就是开放、就是重塑、就是融合。

三是从借鉴走向原创。我认为，中国已完成引进—消化—吸收—再创新的过程，进入了以原创为主要驱动的发展阶段。现在可能有很多人对经济数据不满意，但是有一个数据我深深地引以为豪，那就是 2014 年中国的专利申请数全球第一。

四是从封闭走向开放。创业公司都在主动地拥抱资本，寻求整合。

五是从中国走向全球。中国的互联网技术已经走在世界前列，中国以核电技术、高铁技术为代表的高端制造正在走出国门，中国的资本也辐射到全世界，影响力越来越大。

在过去这么多年的投资经历中，我们整天和企业家打交道，我们知道创客们内心的那点儿想法，我想和大家说几句心里话，供大家分享，也供广大的创客们做自我修炼。

第一句心里话是关于“故事和估值”。我整天和创客们打交道，创客们都会讲故事，但是作为资深投资人，我能够判断哪些故事是靠谱的，哪些故事是专门编出来给创投机构和政府的。我们欣赏那些踏踏实实做企业，把更多精力花费在市场研究、产品设计、用户体验、对手分析等方面的企业家，不看好那些“包装讲故事”，编造“2VC”（To VC）和“2G”的（To Government）项目，为估值而估值的人，把投资人的钱当“傻钱”的人。

第二句心里话是关于“探险家和投机客”，我很容易看清哪些创客是因为梦想而去探险，愿意把身家性命都投进去，哪些创客是心存侥幸来投机的。我们欣赏那些敢于破釜沉舟、有梦想、求共赢的探险家，反对那种投机取巧、夸夸其谈的赌徒。

第三句心里话是关于“专注和朝三暮四”，因为专注是创客成功的最重要特质，我们欣赏那些专注并聚焦擅长领域和技术的团队，反对那些随波逐流、朝三暮四的家伙。

举例说一个四年前投资项目的故事。2015 年 3 月 19 日，我在中关村联想总部和一个创业团队聊天谈事儿。其间，我突然接到奥瑞德老总左洪波的电话。他几乎语无伦次，在电话里和我说："超人，我们过了。你在哪里?"那一天是奥瑞德上证监会重组委的日子，"过了"就意味着借壳成功。左洪波告诉我，他出了证监会大门，第一个想打电话报喜的人就是我。为什么呢?原来，在我们投资的过程中，这家企业可谓跌宕起伏，就像坐了一回过山车。2011 年，我看到这个企业的时候，左洪波还是一个大学老师，他在创业，但是他给我的印象不只是一个大学教授，更是一位企业家。他不仅对蓝宝石生长技术非常痴迷和专业，对营销、市场、方向也非常清晰。那一年，我投资他 1.2 亿元，当年净利润超过 2 个亿。不幸的是，第二年就变成了 2000 万元。那年春节，左洪波来南京找我，希望我挺他一把，"因为你们是 leader，其他机构都看着你们呢，如果你们撤资，我就完了"。通过沟通，我们发现他依然坚定地看好行业的发展，这和我对这个行业的判断高度一致。所以，我不仅没有撤资，还继续增资 8000 万元，把他从死亡线上拉了回来。客观地说，在追加投资的时候，我承担着巨大的内、外部压力，仅这个项目我"南京—哈尔滨"飞了十多次。

现在，奥瑞德已经从我投资时的国内第四，雄踞全球第一，成为苹果公司蓝宝石屏最大的供应商。所以说，做一个成功的项目也不是那么容易，虽然现在我们可以安安心心"摘苹果"了。

总结下来一句话，左洪波是踏实做事、专注事业的企业家，在他最困难的时候除了我们给他支持外，他自己也穷尽了内外部资源，坚持自己认准的方向，对于这样的企业家，我们是有信心的！

风险投资在创客成长的过程中意义重大，我记得撒切尔夫人曾说过一段话，“欧洲在高科技及其产业方面落后于美国，并不是由于欧洲的科技水平低下，而是由于欧洲在风险投资方面落后美国十年”，说白了，风险投资可以加快创新创业进程，降低创业成本。

在跟很多企业家沟通的过程中我发现，他们不只是希望你能提供资金，更多的是希望你能提供资源。2014 年我在南京大学讲课的时候，一大群有创业梦想的青年围着我，跟我提这样那样的问题，当时我就觉得他们的要求也很简单，就是要我开放平台，提供指导，那一刻我脑海里蹦出来七个字：“梦想也需要投资。”

2015 年，我们毅达资本做出了大胆的尝试，也是创新。我们准备在江北新区建设自己的创客大厦，每年选择一批有梦想的青年创业者入驻，为他们提供办公场地、住宿公寓，还为他们提供资本和智力支持以及其他金融配套。因为毅达资本有 100 多名优秀的投资经理、600 多家被投资企业以及 60 多家已上市企业，它们都将成为创客们在创新创业路上的好帮手。让梦想从这里启航！

最后，我把自己非常喜欢的两句话送给大家，一句话是“一万年太久，只争朝夕”；另一句是乔布斯说的，“光阴有限，我们不要把时间浪费在别人的生命里”。

创业是热爱生命的一种正确姿势，奔跑吧，兄弟！奔跑吧，创客们！

李书福[1]

现在，举国上下都在推动创新创业，这是时代赋予每一个人的机遇。我相信，有各级政府的支持帮助、有社会各界的积极参与、有每个人的热情投入，创新的氛围会越来越浓，创新的环境也会越来越好。创新者和创业者一定会成为这个时代的宠儿。这是一个可以创造奇迹的时代，很多成功一定会在这个时代得到实现。胸怀梦想，脚踏实地，用热情、智慧、毅力，全心投入这个火热的创业年代，每个人都会有所收获。我祝福

① 吉利集团董事长。

每个创业者都能取得成功。

我认为，创业者就是要把自己的理想和现实紧密地结合在一起，开发出出色的、有竞争力的产品。这个过程一定充满艰辛，但最终一定会给创业者带来成功的喜悦。创业者当然要积极承担社会责任，要让自己的追求融入行业，做到受人尊敬；要充分考虑和呼应各利益相关方的诉求，充分体现依法、公平、透明和相互尊重的企业治理理念。

“大众创业、万众创新”现在已经如雷贯耳了，举国上下都在执行与实践。100 多年来，我身处的这个汽车行业，创新就没有停过，迄今为止，汽车还在不断地发明创造，各种各样的新技术都在不停地创造创新的过程当中。

吉利的发展历程不是很顺利，因为以前不允许像吉利这样的企业造汽车。拍照片也一样，现在你们可以随便拍照片，以前是不能随便拍的，拍照片要经过公安局批准，我去公安局申请的时候，它不批给我，我就只能自己拿照相机给人家偷偷拍照片。十几年前我们要造汽车没有得到国家的批准。所以从一点点的摸索到今天，我们已经非常高兴了，感谢党和政府能够给我们这样的企业、这样的人一个研究和生产汽车的机会，使我们能够很自主地参与到市场经济的活动中来，能够相对比较公平地参与到市场竞争中来，这是一个非常好的历史机遇。现在鼓励大家创新创业，所以这个时代给了大家一个非常好的自由发展的空间，这个我们要非常珍惜。

吉利以前是造老百姓买得起的好车，后来，我们的技术慢慢进步了，质量的能力慢慢提高了，所以我们要造最安全的、最环保的，还要节能的好车。后来我们又想，要让吉利汽车跑遍全世界，而不是让全世界的汽车跑遍全中国，所以就这么一点一点地演变过来了。

2014 年，我们又提出了要打造每一个人的精品车，这标志着吉利进入了第二次转型。吉利的新车（博瑞）现在是供不应求，销得非常好，尤其是在济南包括整个山东都销售得非常好，取得了很好的业绩。博瑞取得成功的原因非常简单，就是我们技术好、质量好、成本还低、服务周到、用户体验好、让客户买了车子以后又不后悔，同时又想向朋友亲戚推荐，一传十、十传百，就这样就传开了。所以作为草根创业，把产品做到位是第一重要的。

自身创造发明当然很重要，但是，当自身的创造发明一下子还来不及的时候，又基于参与市场竞争的需要，我们也参与了一些国际并购，买一些人家的技术，并购一些人家的企业。比方说我们并购的澳大利亚自动变速器的公司，它是一个 80 多年的老牌自动变速器公司，由于世界金融危机遇到困难，我们就下决心把它并购了。所以现在吉利是全中国唯一一家能自己设计、生产自动变速器的汽车公司。博瑞用的就是自己的自动变速器，所以有一定的成本优势，而这个技术又是世界一流的。后来我们又并购了伦敦出租车公司，它也是一个 80 多年的老牌子，是专门生产伦敦出租车的工厂，我们也下决心把它并购了，有很多的技术都可以为我们所用。后来我们并购了沃尔沃的汽车公司。所以很多技术我们通过这种并购来获得，还有一些技术，我们通过全球的合作来获得。全球有各种各样的专业机构，有专业从事汽车各方面研究的工程公司，我们和它们进行合作，把全球最先进的技术集聚到吉利。

接下来汽车产业要朝着智能化的方向发展，现在很多人讨论互联网汽车，尤其是现在党中央国务院提出来的“互联网+”。这个“互联网+”到底怎么“+”，对于吉利来讲也是一个新的课题。吉利也希望在这个方面能够有所作为，所以我们有必要展开研究。

由于沃尔沃十多年前就已经开始研究互联网汽车，这个方面的投入已经非常大了，吉利汽车要想研究互联网汽车，就应相互进行合作，利用一些沃尔沃已经有的技术给吉利汽车发展提供互联网方面的支持。

中国有很多的互联网公司，都希望能够生产互联网汽车，大家都希望能够在新的领域里取得一些发展。但是这个东西确实不是那么简单，无法一蹴而就，互联网汽车不是简单地在汽车里边加上一个互联网就可以了，不是说把手机上的、屏幕上的一些内容放进去就是互联网汽车了。互联网汽车的前提是你要实现自动驾驶和电器化，这是真正的互联网汽车，要利用互联网环境，使汽车能够在无人状态下实现自动驾驶。即使有人的话，也可以使人车之间的信息互换非常流畅，而不是只有一个电子娱乐系统。所以，从这个意义上讲，现在苹果、谷歌都在研究发展互联网汽车，我想沃尔沃汽车在传统汽车的互联网化方面是走在前列的。

要想在互联网汽车领域有地位，有竞争力的话，投入也是非常大的，比如谷歌和苹果都是有着非常大的投入，现在中国也有一些互联网汽车希望能够有所作为，我想也应该有一个很大的投入才可以。像特斯拉，几千亿人民币投下去，到现在都是不赚钱的。沃尔沃投了110亿美元，进行研发，还没有实现真正的、完全的自动驾驶。所以有一些创新是可以玩一些概念，玩一些小聪明，甚至是可以产生一些奇迹的。但是有一些创新确实需要大量的投入，才有可能实现创新的成果。

从目前来看，沃尔沃凭借智能互联和自动驾驶这些方面的领先优势所投放的产品——全新XC90确实很成功，产品供不应求，在全球销得非常好，2015年的计划产量是5万台，现在都已经全部订完了，要买也买不到。所以这个创新有时候能产生很大的奇迹，但有的时候，也确实存在很大的风险。

迄今为止，所有的汽车公司都朝互联网汽车这个方向努力，希望最终能够实现自动驾驶和无人驾驶。但是，由于各种条件的限制，现在没有一个汽车公司能够做到，也没有一个城市能够做到，它需要汽车和环境的配合。我想需要以下几个基本的元素。第一就是智能自由移动。互联网汽车是汽车，它不是手机。第二就是要实现主动安全和被动安全，就是把互联网技术应用到汽车里边，要让汽车变得更加安全，当司机犯错的时候，互联网能把你纠正过来，也就是说汽车开比人开要更加安全。

最后就是要实现互联网汽车拟人化，基本上能够有思维能力，有设备能力，你给它信号，叫它从A到B，它就从A到B，叫它从 B 到 A，它就从 B 到 A，叫它停车它就停车，完全智能化，不需要人工干预，这是智能化的目的。

现在沃尔沃已经把瑞典的整个城市道路进行改造，使之适应于互联网汽车驾驶，到 2017 年，基本上普通老百姓上车以后只要进行语音对话，就可以实现汽车自动驾驶，不需要动手，也不需要动脚，你只要跟车进行对话，这个车子就能把人很安全地、很快乐地送达目的地。